Ingrid Wilke-Bury

Momente
alltäglich – kostbar – lebenswert

Lebens-Impressionen

Ingrid Wilke-Bury

Momente
alltäglich – kostbar – lebenswert

Lebens-Impressionen

TRIGA – Der Verlag

Bibliografische Information der Deutschen Nationalbibliothek
Die Deutsche Nationalbibliothek verzeichnet diese Publikation
in der Deutschen Nationalbibliografie;
detaillierte bibliografische Daten sind im Internet über
http://dnb.d-nb.de abrufbar.

1. Auflage 2015

© Copyright bei der Autorin
Alle Rechte vorbehalten

Herstellung: TRIGA – Der Verlag
Leipziger Straße 2, 63571 Gelnhausen-Roth
www.triga-der-verlag.de

Korrektorat: Birgit Laniewski

Illustrationen: Reinhold Busch

Printed in Latvia

ISBN 978-3-95828-039-7

Inhalt

Vorwort	11
Begegnungen	15
Am Scheideweg	17
Rückkehr	27
Heimat	35
Abschied	36
Großfamilie Huber	42
Im Paradiesgarten	50
Sylter Begegnung	54
Gefunden	57
Kreislauf	58
Momente	59
Früher Morgen	61
Es war einmal ...	62
Ein Sommernachtstraum	65
Erwachen	69
Die Tiroler sind lustig	70
Gezeiten	77
Gemeinsam allein	78
Der Handkuss	79
Sommerende	81
Drahtseilakt	82

HerbstZeitLose	86
Die Blaue Stunde	95
Der traurige Weihnachtsbaum	101
Sind wir noch jung genug fürs Leben …	110
Ein neuer Tag	115
Wie ein Blatt im Wind	116
Dem Ende entgegen	117
Leere	118
Verlust	119
Erinnerung	121
Unbekannt	122
Danke	123
Gegangen	124
Plötzlich	125

Vorwort

Ratatam – das stupide Ratatam der Räder ist allen Bahnreisenden ein vertrautes Geräusch. Man hat Zeit, sitzt bequem, schaut angemüdet von diesem eintönigen Ratatam ein wenig gelangweilt aus dem Zugfenster. Landschaften und Ansiedlungen flitzen in aller Eile vorüber. Nur ein kurzer Augenblick der Wahrnehmung, und das enteilende Gesicht des »Draußen vor der Tür« ist Vergangenheit. Überall dort wohnen unzählige Menschen. Jeder von ihnen hat seine ganz persönlichen Probleme und Sorgen. Das Schicksal jedes Einzelnen setzt sich zusammen aus seinen erlebten und durchlebten Momenten.

Unser Leben rast wie ein ICE. Oft bleibt keine Zeit, es zu leben und zu genießen. Nur selten können wir diesen rasenden Zug für einen erholsamen Stopp anhalten. Nicht jedem ist es gegeben, seine Sorgen offen auf einem Tablett vor sich herzutragen. Aber in entspannter Atmosphäre – im Urlaub etwa – kann es gut sein, dass sich ansonsten verschlossene Menschen plötzlich öffnen. Sie geben dem Bedürfnis, sich mitzuteilen, ohne Hemmungen nach und beginnen spontan ein Gespräch.

Es war bei solchen Gelegenheiten, dass mir andere Menschen ihre ureigensten Geschichten, die sie schon seit langer Zeit beschäftigten, erzählt haben. Einige Notizen meinerseits machen es möglich, Sie an diesen Berichten teilhaben zu lassen. Bitte begleiten Sie mich durch diese Erzählungen. Erlebte Momente aufgeschrieben für Sie.

Schön wäre es, wenn Sie auch im zweiten Teil dieses kleinen Buches an meiner Seite blieben, um die verschiedensten »Momente«, die ein Leben ausmachen können, gemeinsam mit mir zu erleben.

Unser Leben besteht aus unzähligen, aneinandergereihten Momenten. Ein Moment währt immer nur einen kurzen Augenblick. Wahrnehmen und empfinden können wir die einzelnen Momente auf mannigfaltige, oft tief empfundene Weise. Momente der Freude, des Glücks oder der Dankbarkeit erscheinen in unserer Wahrnehmung kürzer als solche voller Krankheit, Ärger und Trauer. Diese Momente können uns unendlich lang erscheinen, obwohl unsere Wahrnehmung auf ein Minimum gedrosselt ist. Wir wollen ein solch momentanes Erleben nicht wahrhaben, nicht akzeptieren, das Unabänderliche dieses Momentes nicht erkennen. Die Schrecksekunde dauert. Der Impuls der Wahrnehmung ebbt nur langsam ab.

Lebensmomente kommen und gehen in geregelter Reihenfolge. Es dauert, bis wir nach einem abrupten Einschnitt mit dieser serienmäßigen Folge wieder im Takt ticken.

Mit großer Wahrscheinlichkeit werden Sie beim Lesen so manches Mal denken: Solche Momente habe ich auch schon erlebt.

Begegnungen

*Viele Menschen begegnen uns.
Wenn wir Glück haben, erzählen sie uns
ihre Geschichte.*

Am Scheideweg *Weimar/Gotha 2011*

Eng ist es im Zug an diesem Samstagmorgen. Kaum ein Durchkommen mit meinem schweren Trekkingrucksack. Vereinzelt stehen Gepäckstücke auf den Plattformen zwischen den Abteilen oder versperren die Gänge. Endlich, im dritten Wagen, durch den ich mich kämpfe, sehe ich zwei freie Plätze und steuere darauf zu. Völlig erschöpft falle ich auf einen der Sitze.

Wohin mit meinem Gepäck? Dieses mannshohe Ungetüm von Rucksack, dessen Alter schon von Weitem durch verräterische Gebrauchsspuren zu erahnen ist. Die ehemals kräftig graue Farbe des Stoffes ist ausgeblichen, hat ihr sportliches Erscheinungsbild gänzlich verloren. Es erscheint mir unmöglich, dieses Gepäckstück nach oben ins Gepäcknetz zu wuchten. Ich bin am Ende, müde, ausgelaugt und froh, dass ich endlich einen Sitzplatz gefunden habe, auf den ich mich fallen lassen kann. So ziehe ich meinen treuen Begleiter etwas näher und deponiere ihn zwischen meinen Beinen. Erst jetzt kann ich durchatmen.

Wo wollen die vielen Menschen am frühen Morgen schon alle hin? Gibt es irgendwo etwas umsonst? Mir gegenüber sitzt ein alter Herr. Mit frohem Gesicht schaut er interessiert aus dem

Zugfenster und beobachtet die vorübergleitende Landschaft. Weiter vorne vier Jugendliche, schweigsam über ihre Smartphones gebeugt, auf denen sie ihre flinken Finger spielen lassen.

Schräg gegenüber schaut ein älteres Paar zu mir rüber und wie sich unsere Blicke begegnen, fragt die Frau freundlich: »Haben Sie es noch weit?«

»Ich bin jetzt seit dreißig Stunden unterwegs«, antworte ich der Fragenden.

»Ach, du meine Güte, hoffentlich erreichen Sie bald Ihr Ziel.«

»Mein Ziel, das habe ich bereits erreicht!«, sprudelt es in diesem Moment, als mich die Dame fragend anschaut, aus mir heraus.

Viel hat sich in meinem Inneren angestaut während der vergangenen zwei Wochen. Die Vielfalt meiner Erlebnisse während dieser Zeit lässt mich nicht zur Ruhe kommen. Nur zwei Wochen, und die haben mein bisheriges Leben völlig auf den Kopf gestellt, ja geradezu umgekrempelt. Meine Erlebnisse, gesammelten Eindrücke und Gedanken, die ständig seit Stunden durch meinen Kopf hasten, verlangen danach entwirrt, sortiert und mitgeteilt zu werden. Gedanken, die lautlos aus der Leere auftauchen in nicht zusammenhängenden Fetzen, die sich dann wiederum in endlosen Knäuel verwirren.

»Seit vierzehn Tagen bin ich jetzt unterwegs. Die Firma, in der ich arbeite, hat zurzeit Betriebsferien. Ich bin dort in leitender Position, Abteilungsleiter könnte man sagen. Mein Vorgesetzter war der Meinung, es könne mir nicht schaden, einmal einen unserer ausländischen Mitarbeiter in seinen Heimatort zu begleiten. Ich solle mir ansehen, wo und wie diese Menschen, mit denen ich täglich zusammenarbeite, leben.

Und wie er das so sagte, da kam Abenteuerlust in mir hoch. Spontan war ich mit diesem Vorschlag einverstanden gewesen und stürzte mich in Reisevorbereitungen. Einige Tage später nahm die Idee meines Chefs konkrete Formen an und zusammen mit Mirco machte ich mich auf den endlos scheinenden Weg in sein Heimatdorf nach Kroatien. Mirco wollte die vier Wochen Betriebsferien bei seiner Familie verbringen. Seinen Kleinwagen hatte er bis unter das Dach nicht nur mit mir, sondern auch mit allen möglichen Mitbringseln und Geschenken vollgestopft. Zahlreiche Wünsche von seiner Familie und Freunden aus der Heimat waren ihm schriftlich aufgegeben worden.

Unsere Fahrt bis ans Ziel war endlos. Wir fuhren auf der Autobahn von Deutschland nach Österreich und von dort durch Slowenien nach Kroatien. Die schöne Küstenstraße, die von sehr vielen Urlaubern wegen ihrer landschaftlichen Reize befahren wird, mussten wir leider meiden. Sie lag zu weit südlich und wäre ein ungeheurer Umweg gewesen. So schlängelte Mirco sich mit seinem Wagen durch den Norden von Kroatien bis in ein Fünfzigseelendorf nahe der ungarischen Grenze. Mein erster Gedanke, als wir unser Ziel erreicht hatten, war: ›Hier sind wir wahrhaftig am Ende der Welt angekommen‹.

In unserem Zielort wurden wir nicht nur von Mircos kleiner, freundlicher Frau und seinem zehnjährigen Sohn, sondern wirklich vom ganzen Dorf erwartet und begrüßt. Das war ein Hallo und gegenseitiges Berichten. Und wie erst staunten die wenigen Dorfbewohner – mehr als vierzig waren es wohl nicht –, als Mirco mich als seinen Chef vorstellte, seinen Chef aus der großen Firma in Deutschland, in der er vor drei Jahren eine Anstellung gefunden hatte. Was, zwei Wochen wolle der Chef – damit meinten die Leute mich – bleiben? Das musste natürlich gefeiert werden. Und obwohl ich vor Müdigkeit kurz davor war, meinen Geist aufzugeben und mir beinahe die Augen zufielen, konnte ich mich dieser Situation nicht entziehen.

Unter großem Tamtam, Geplapper und Gerufe kamen sie alle in der nächsten halben Stunde auf dem Grundstück von Mirco und seiner Familie zusammen. Jeder der Nachbarn hatte etwas zum Gelingen der Wiedersehensfeier mitgebracht. Fladenbrot, Tomaten, Gurken, Obst, Wein, Schnaps, sauer eingelegtes Fleisch (schätze, es war Kaninchen- oder Hühnchenfleisch) wurden auf einer Decke angerichtet und die wurde einfach als Tischersatz auf dem Boden ausgebreitet. Sie bewirteten uns wie die Fürsten und es entstand ein tolles Palaver. Ein wenig schwierig mit der Verständigung war es schon, aber nach etlichen Gläsern Wein und einigen Schnäpsen wurden unsere Zungen recht locker und alle, ob groß oder klein, verstanden sich prima. Ich hatte bis dato noch nicht gewusst, wie gut ich kroatisch sprechen konnte. Es wurde viel gelacht an diesem Abend. Bald konnte ich nicht einmal mehr »Papp« sagen und der Wein tat sein Übriges. Die lange Reise und die neuen Eindrücke forderten ihren Tribut. Es hielt mich vor Müdigkeit kaum mehr auf den Beinen.

Mircos Sohn hatte für mich seine Bettstatt räumen müssen. Ob er gemault hat, weiß ich nicht, auf alle Fälle durfte ich während der nächsten vierzehn Tage in seinem Bett nächtigen. Doch die ganzen Umstände machten aus diesem einfachen Lager für mich das Prunkbett eines Königs.

Diese abwechslungsreiche Zeit, dieses Leben unter primitivsten Verhältnissen, wie ich es noch niemals zuvor erfahren hatte und von dem ich mir nicht einmal vorstellen konnte, dass es so etwas in unserer zivilisierten Welt überhaupt noch gab, wurde für mich eine beglückende, zufriedene Zeit, ja eine Lehrstunde für mein weiteres Leben.

Die zwei Wochen vergingen rasant. Ich arbeitete zusammen mit Mirco und seinen Nachbarn im Garten. Wir rodeten dort ein kleines Stück Land für den Anbau von Gemüse. Das hatte sich seine Frau gewünscht. Gemeinsam schlachteten wir zwei Hasen. Mirco zeigte mir, wie das Fell abgezogen und aufgespannt wird zum Trocknen. Im nächsten Urlaub würde es trocken sein und dann wollte er es verkaufen.

Die Hühnerschar – ich schätze, es waren so an die zwölf Tiere – lief den ganzen Tag frei umher und ich durfte zusammen mit Anek, Mircos Sohn, die Nester und Unterschlupfe suchen, in denen die lieben Viecher ihre Eier abzulegen pflegten. Ja, zu Hause gehe ich, wenn mir nach Eiern ist, einfach auf den Markt oder in einen Supermarkt und nehme sie aus dem Regal, ohne mir dabei zu überlegen, wie viel Arbeit damit verbunden ist, bis sie dort liegen, wo sie liegen und von wo ich sie mir nehmen kann.«

Der Zug hält kurz an der nächsten Station. Niemand steigt ein oder aus. Mein zweifaches Gegenüber lässt hören: »Da haben Sie aber viel erlebt bei diesem Besuch.«

»Ja, das kann man wohl sagen. Nach diesem Erlebnis muss ich mein weiteres Leben von Grund auf ordnen. Ich muss mich völlig neu orientieren und überdenken, was mir eigentlich wichtig ist in meinem Leben.«

»Hören Sie«, berichte ich weiter, »am letzten Abend vor meiner Abreise kamen alle Leute aus dem Dorf zusammen, um mit mir eine Abschiedsparty zu feiern. Sie hatten ein Lamm geschlachtet, dieses auf dem Spieß gebraten und mich dazu eingeladen. Als wir alle um das verglimmende Feuer auf dem Boden saßen, die Männer leise ein für mein Gefühl recht trauriges Lied anstimmten, das wohltönend im Sonnenuntergang versickerte, ja da überkam mich geradezu ein wenig Wehmut.

Wie konnten diese Menschen mit so wenig so unendlich glücklich sein? Eine Arbeitsstelle in Deutschland, ein Stückchen Land für Haus und Hof, Zufriedenheit und Freude an ihrem einfachen Leben. Und welche Herzlichkeit und Umarmungen beim Abschiednehmen. Mirco ließ es sich nicht nehmen und brachte mich mit seinem Auto in die nächste Stadt zum Bahnhof und dort bis auf den Bahnsteig. Einmalig diese Gastfreundlichkeit. Ich kann mir nicht vorstellen, hier in Deutschland ihresgleichen zu finden. Diese einfachen Menschen dort sind noch Menschen, an denen wir uns alle ein Beispiel nehmen sollten. Sie leben und bewältigen ihr Leben gemeinsam. Sie helfen einander. Sie teilen Freude, Trauer und Not. Und oft macht die Not sie stark, gemeinsam stark.«

Der Zug fährt immer noch weiter. Ohne meine Mitreisenden wahrzunehmen, geschweige denn sie anzusprechen, sinniere ich weiter:

»Nur schwach kann ich mich daran erinnern, was wir vor Jahren im Physikunterricht über die Quantentheorie gelernt haben. Ich muss das, was wir über die Quanten gehört haben, jetzt anwenden. Hier habe die Fachwelt geradezu zwei Lager von Anhängern gebildet, wie uns unser Lehrer erklärte. Die Meinungen darüber gehen weit auseinander, ist mir in Erinnerung. Zum einen sind da die spezialisierten Fachleute, die Quantenphysiker. Schwere Kost – die Zusammenhänge habe ich gänzlich vergessen.

Auf der anderen Seite gibt es eine Vielzahl von bisher nicht anerkannten Wissenschaftlern. Diese sind davon überzeugt, dass wir unser Leben, unsere Welt, in der wir leben, unter Zuhilfenahme der Quanten, der kleinsten Teilchen überhaupt, die der Mensch kennt, formen und verändern können nach dem Motto: ›Der Glaube kann Berge versetzen.‹ Sie behaupten, dass wir unser Leben, unsere Lebensumstände durch unser Bewusstsein, unseren Glauben an Umstände oder Tatsachen, dahin gehend beeinflussen können, dass diese sich unserem Willen beugen und infolgedessen verändern.

Hieran muss ich ab sofort dringend arbeiten. Ich muss nach diesem Erlebnis mein Leben gänzlich neu aufbauen und gestalten. Das hat jetzt höchste Priorität. Hoffentlich reicht die mir geschenkte Zeit dafür aus. Wie gesagt, wir alle müssen umdenken. Unser Leben und Wissen neu aufstellen. Eigentlich sind wir doch alle wie leere Hüllen. Leere Hüllen, die noch mit Wissen für unser zweites Leben gefüllt werden müssen. Nur wenn wir so viel Wissen erwerben und in uns speichern, dass wir der heutigen Generation davon etwas hinterlassen können, nur dann haben wir unser Ziel in diesem Leben erreicht. Es ist doch so, dass die heutige Generation von dem Wissensvorrat, den wir in uns speichern – zukünftig leben kann und leben wird.«

Der Zug wird langsamer und fährt in den Bahnhof von Gotha ein. Das Ehepaar, das mir interessiert und ein wenig von meinem Wortschwall erschlagen die ganze Zeit zugehört hat, erhebt sich.

»Ihre Ausführungen waren hochinteressant.

Gerne hätten wir noch eine Weile zugehört. Aber leider – w i r haben unser heutiges Ziel erreicht. Wir wünschen Ihnen eine gute Heimreise und hoffen für Sie, dass alle Ihre Vorhaben gelingen. Noch einen schönen Tag«.

Die beiden streben der Türe zu und steigen langsam, geradezu bedächtig aus. Beim Weggehen auf dem Bahnsteig stützt sich der alte Mann schwer auf seinen Spazierstock.

2014

Rückkehr   *Weimar 2011*

Anmutig dreht sich die junge Tänzerin. Die schwingenden Bewegungen ihrer Arme übertragen sich im Rhythmus der Musik auf ihre Kleidung. Der zarte Stoff ihres Röckchens umflattert tänzelnd ihre Beine. Alltagsmenschen, wie du und ich, die hier auf dem Pflaster der Fußgängerzone im Halbschatten der Bäume stehen geblieben sind, um dieses Geschehen einzukreisen und zu erleben, nimmt die Tänzerin nicht wahr. Sie scheint entrückt in eine andere Welt – in ihre Traumwelt.

Musikalisch werden ihre fließenden Bewegungen gekonnt von einer Viermannband untermalt, mit Sicherheit Schüler der Weimarer Hochschule für Musik. Die jungen Leute haben sich zu einem gemeinsamen Musizieren auf der Straße zusammengefunden. Auf der einen Seite wohl aus Freude an der Musik und – ganz nebenbei – um eine kleine Aufbesserung ihrer finanziellen Möglichkeiten zu erreichen. Wohl der Vater des Gedankens. Keyboard, Schlagzeug, Klarinette und Gitarre. Ein gelungenes Ensemble. Ein kleines bescheidenes Körbchen haben sie dezent in ihrer Nähe aufgestellt. Es wäre schön, wenn die Vorbeiziehenden und Stehengebliebenen ein Geldstück erübrigen könnten. Wer etwas bietet, der kann auch auf Sammlererfolg hoffen. Und so klimpert es ab und an verlockend im kleinen Korb.

Das Wetter ist gut, lau und sonnig, die dargebotene Musik ist fröhlich. Der duftige Tanz passt sich der Musik charmant an. Rundum alles stimmt bei diesem Vormittagskonzert. Passanten, die gerade eben noch lässig vorbei schlendern, werden wach und schauen auf. Ihre Mienen erhellen sich und nehmen einen entspannt fröhlichen Ausdruck an. Die Gruppe der Zuhörer rund um das Geschehen wächst zusehends. Man erkennt, versteht, lauscht und einige öffnen bereitwillig ihre Geldbörsen.

Wieder andere müssen ihre Freude über diese gelungene Vorstellung mit anderen teilen. Sie sprechen Umstehende, für sie völlig fremde Menschen, am helllichten Tage auf der Straße an und geben verbal ihrer Freude Ausdruck. Gelöst und locker kommt man schnell auf mitteilungswerte Geschehnisse und Erlebnisse. Einem älteren Herrn, schätzungsweise so an die siebzig, ist es ebenfalls ein Bedürfnis, seiner Freude über diesen erlebnisreichen Vormittag nachzugeben.

Er spricht uns an und berichtet, dass er rundum glücklich sei, heute hier zu dieser Stunde in dieser Straße in Weimar zu stehen. Wie viele Jahre habe er sich danach gesehnt, wieder hier zu sein. Das Heimweh nach seiner Geburtsstadt und der Stätte seiner Kinder- und Jugendjahre habe in den vergangenen Jahren seine Seele angefressen.

Geboren, aufgewachsen, verliebt, jung geheiratet – schon im Alter von einundzwanzig Jahren – alles war gut damals. Eine schöne glückliche Zeit, berichtet er uns. Als zwei Jahre später auch noch eine Tochter geboren wurde, war sein Glück praktisch vollkommen. Die Familie hatte sich mit den Gegebenheiten in der DDR arrangiert. Es gab nicht immer alles, was das Herz begehrte. Zugreifen musste man rasch, wenn etwas angeboten wurde. Oft war die Quelle versiegt, bis die Wartenden sich in der Schlange hoffnungsfroh nach vorne gearbeitet hatten.

Im Jahr 1961 war die Obrigkeit der Deutschen Demokratischen Republik auf den Gedanken verfallen, einer Auswanderung oder Umsiedlung unzähliger Ostdeutscher einen Riegel vorzuschieben. Das Land wurde zur Insel umfunktioniert. Die Grenzen durch Stacheldrahtzäune und Todesstreifen geschlossen. Eingezäunt wie wilde Tiere. Besuche bei Verwandten jenseits des Zaunes und Urlaube außerhalb der DDR waren bis auf wenige Ausnahmen kaum möglich. Die Bevölkerung war eingesperrt.

Aus der Tochter wurde im Laufe der nächsten zwanzig Jahre – wie die Natur das so eingerichtet hat – eine junge Frau. Viele Jugendliche in der DDR waren in den vergangenen Jahren unruhig und aufsässig geworden. Sie wollten raus aus dieser Einkerkerung und rebellierten. Selbstschussanlagen und Mauern hatten ein Entkommen ohne akute Lebensgefahr unmöglich gemacht.

Ohne das rechte Bewusstsein ob der Gefahr einer Flucht und nur mit einer großen Packung verteufeltem Glück gelang es schließlich seiner Tochter im Jahr 1983, die Grenze auf allen möglichen Schleichwegen und mit Hilfe von Freunden zu überwinden. Sie schaffte es damals bis ins Bayerische nach München. Ohne viel Mühe gelang es ihr, dort relativ rasch eine Anstellung sowie eine kleine Wohnung zu finden. Sie hatte einfach Glück gehabt.

Das Haus unseres Gesprächspartners war ohne die Tochter leer geworden, wie er uns weiter erzählt. Als ein Jahr später noch seine Frau viel zu früh verstarb, wurde es einsam um ihn. Er wollte nicht länger alleine in Weimar leben.

Im Jahr 1989, als es kurz nach der Wende und der damit verbundenen Öffnung der Grenze wieder möglich wurde, die ehemalige DDR zu verlassen, siedelte – »Herr Unbekannt«, so wollen wir ihn nennen – um zu seiner Tochter ins Bayerische. Mittlerweile war sie verheiratet und das

Paar hatte ein kleines Söhnchen. In München bei seiner Tochter und deren Familie konnte Herr Unbekannt in den folgenden neun Jahren erneut Fuß fassen und seinem Beruf nachgehen. Leider verriet er uns mit keinem Wort, was er bis zur Rente oder Pensionierung gearbeitet und wie er sein Geld verdient hatte. Er war beim Erzählen und seinen Gedanken an die Münchner Zeit so versunken, dass wir nur wort- und fraglos zuhören konnten.

Zahlreiche Leute wie du und ich haben keinen Ansprechpartner und sind mit ihren Erlebnissen, Erinnerungen und Empfindungen alleine. Oft droht Vereinsamung. Bis sich dann plötzlich die Gelegenheit bietet, Angestautes schwallartig los zu werden. Wir merkten es gleich. Heute war der Tag des unbekannten Spaziergängers.

Viele Jahre versuchte Herr Unbekannt, in dieser für ihn nun neuen Heimat auch heimisch zu werden. Mannigfaltige Annehmlichkeiten und Abwechslungen boten sich ihm dort. Konzerte, Theater, Ausflüge in die herrliche Umgebung, Museen, die er bis dato nur vom Hörensagen kannte, das Angebot war vielseitig. Außerdem machte ihm sein kleiner Enkel viel Freude. Das Aufwachsen eines Kindes, seines Enkelkindes, zu erleben, so wie das seinerzeit bei seiner Tochter gewesen war, war für ihn eine neue, wieder entdeckte, interessante Erfahrung. Aber – dieser Enkel ging ab seinem sechsten Lebensjahr in die Schule. Und ab diesem Zeitpunkt blieb nur noch wenig Zeit für den Großvater.

›Die Erde ist mir Heimat nicht geworden‹ – diesen Ausspruch der jungen Karoline von Günderrode könnte man getrost für den freundlichen Unbekannten, der an diesem Tag, zu dieser Stunde sein übervolles Herz vor uns ausschüttet, umschreiben in: ›Diese Stadt ist mir Heimat nie geworden‹. Seine Wurzeln waren vor Jahren in Weimar verblieben. Immer öfter kam es vor, dass bohrende Sehnsucht – Heimweh nach Weimar – ihn überwältigte.

Und es kam der Zeitpunkt, da er eigentlich nicht mehr so recht gebraucht wurde von seiner Familie. Der Gedanke an eine Rückkehr nagte immer öfter. Er war alleine mit seinen Gedanken und Plänen. Nur noch gelegentlich fanden sich Menschen, die bereit waren, sich in ein Gespräch einzulassen oder ihm zuzuhören. Er vereinsamte in der großen Stadt.

Unser Gesprächspartner stockt für einen kurzen Moment, applaudiert den Musikern, holt tief Luft und berichtet weiter. Das Ende seiner Geschichte ist schnell erzählt. Herr Unbekannt konnte es sich leisten, einen großen Kredit aufzunehmen.

Mithilfe seiner gesamten Ersparnisse gelang es ihm, sein ehemaliges Eigentum, ein dreistöckiges Mietshaus oberhalb des Frauenplans, zurückzukaufen. Ein euphorischer und rundum glücklicher Mensch verwandte die restlichen Gelder des Kredites für die Restaurierung des Gebäudes. Wie er uns weiter berichtet, baute er die Penthousewohnung zu seinem Alterssitz aus. Von hier aus kann er einen Großteil des Innenstadtkerns überschauen. Eine Dachterrasse lädt bei geeignetem Wetter dazu ein, dort zu ruhen und zu entspannen.

Der unbekannte Erzähler gerät ins Schwärmen und versichert stolz, dass er, seitdem dieses Haus wieder ihm gehöre und er die schöne Wohnung sein Eigen nennen dürfe, nun endlich zur Ruhe gekommen und unsagbar glücklich sei.

Beiläufig lässt er uns noch wissen, dass er am 2. September des Jahres 2004 bei dem großen Brand der Herzogin-Anna-Amalia-Bibliothek von seiner Dachterrasse aus dem furchtbaren Geschehen von oben zusehen und die Löscharbeiten verfolgen konnte. Dieser verheerende Brand sei damals für alle Weimarer Bürger, für Thüringen und Deutschland ein großer Verlust gewesen. Trotz der größten Bemühungen während der Restaurationsarbeiten in den folgenden

Jahren verblieben große Lücken in dem unersetzlichen Bücherbestand.

Beim Erzählen und Erinnern an diesen Tag kommen Herrn Unbekannt die Tränen. Geschickt reibt er sich eine kleine Fliege aus den Augen, wünscht uns noch einen schönen Tag und geht seiner Wege.

Erinnerungen an gelebte Zeit
Gaukeln uns Frieden vor.
Wunschträume werden genährt
Von stetem Bangen und Hoffen.
Scheinwelten öffnen Türen
Auf ein besseres Leben.

2015

Heimat

Wehmütig habe ich Tag und Nacht
In weiter Ferne der Heimat gedacht.
Heimat ist da, wo der Nachbar dich kennt,
Der Bäcker am Morgen beim Namen dich nennt.
Wo du einst fröhlich zur Schule gegangen
Und im nahen Teiche Frösche gefangen.
Dort wo die Mutter mit dir oft gelacht
Und fröhliche Lieder dir beigebracht.
Sehnsucht hat heute mich hergetrieben.
Hier ist die H e i m a t im Kreise der Lieben.
Heut' kehr ich zurück und höre mit Freuden
Die Glocken der Heimat wieder läuten.

2015

Abschied   *Weimar 2012*

Vier Tage Weimar. Früh am Morgen, schon gleich nach dem Frühstück, bin ich auf direktem Weg in die Stadt. Für heute habe ich mir vorgenommen, an diesem Vormittag alle Plätze aufzusuchen, die ich bisher bei meinen zahlreichen, vergangenen Aufenthalten in dieser liebenswerten Stadt noch nicht angesteuert habe. Seit mehreren Jahren komme ich regelmäßig mindestens einmal im Jahr nach Weimar. Ich liebe Weimar. Die Stadt zieht mich mit einer ungeheueren Kraft wieder und wieder in ihren Bann.

An solch einem lauen, im Lichte liegenden Spätsommertag wirkt der Park an der Ilm am frühen Morgen auf den Betrachter wie ein Ruhepol inneren Friedens. Das Frühlied der nicht in die Ferne gezogenen Vogelwelt erklingt aus herbstlich gefärbtem Geäst und übertönt die Morgenstille. Noch halten sich Spaziergänger und fröhlich lärmende Kinder zurück. Vereinzelt läuft ein Jogger seine Runden.

    Um diese Stimmung zu genießen, förmlich aufzusaugen, führt mich mein Weg vom Hotel vorbei am Park, dem Haus der Frau von Stein und der Anna-Amalia-Bibliothek immer in Richtung Innenstadt.

Am Marktplatz fällt er mir das erste Mal auf.

Touristen sind noch keine unterwegs so früh am Morgen. Wenige Verkaufsstände auf dem Kopfsteinpflaster des Marktplatzes warten auf Kunden. Hausfrauen und Interessierte steuern darauf zu, umkreisen sie für einen gezielten Einkauf oder auch nur, um mit den Anbietern der Waren einige belanglose Worte, einen Morgengruß, zu wechseln. Hier Karotten und Blumenkohl, dort einige Kisten mit Äpfeln, ein Stand mit verschiedenen Käsesorten und Wurst aus der Landmetzgerei – viel Auswahl ist nicht vorhanden. Die Einkäufe sind erschwinglich.

Schade, dass an diesem Morgen die Marktfläche nicht gänzlich frei ist. Die Stände lassen keinen freien Blick auf das Panorama der den Markt umrahmenden Gebäude zu. Die Fassaden jedes einzelnen Hauses rund um diesen Platz sind restauriert, freundlich in ihrem Erscheinungsbild und mein Blick tastet sie eine nach der anderen interessiert ab.

Der alte Herr auf einer Bank vis-à-vis des Cranachhauses fällt aufs Neue flüchtig in mein Blickfeld. Warum sitzt er da so früh am Morgen? Konnte er nicht schlafen oder sitzt er am Ende noch von gestern Abend hier? Hatte er keine Unterkunft für die Nacht gefunden?

Den Rücken leicht gebeugt, den Kopf ein wenig angehoben, schaut er versonnen in die Weite. Sein Blick verliert sich in der Ferne und ich kann mich des Eindrucks nicht erwehren: Dieser Mensch vermag mit offenen Augen zu träumen. Er sieht wohl nicht das frühe Treiben auf dem Marktplatz, nicht die gegenüberliegende Häuserreihe – nein, nur seine Augen blicken nach vorne. Sein Denken und Sehen ist gänzlich nach innen gerichtet.

Er ist kein Jüngling mehr. Schütteres Haar, leicht verweht, nicht gezügelt, umrahmt in dünnen Strähnen seine Stirn. An eine Kappe oder Mütze hat er sicher nicht gedacht beim Weggehen, von wo auch immer. Dünkt mir ein wenig gewagt an diesem frühherbstlichen Morgen. Bis sich die Sonne um die Mittagszeit nochmals hinter den Schleierwolken hervorwagt, wird es noch dauern und bis dahin empfindlich kühl sein. Mit seinen schlanken, stark von Arthrose gezeichneten Fingern hält er einen Spazierstock aufgestützt zwischen beiden Knien. Was ist mit ihm? Einige lange Augenblicke weilt mein Blick auf diesem Menschen. Ja, alt werden und alt sein ist wohl nicht so leicht.

Mein Frühspaziergang führt mich weiter. Mittlerweile ist die Zeit so weit fortgeschritten, dass ich meinen heutigen Plan verwirklichen könnte, das

Wittumspalais am Theaterplatz von innen anzuschauen. Dessen bekannteste Bewohnerin, Herzogin Anna-Amalia, war bereits zwei Jahre nach ihrer Hochzeit mit Herzog Ernst August II zur Witwe geworden. Sie lebte die ersten sechzehn Jahre nach dem Tod ihres Mannes zunächst im Stadtschloss. Als dieses durch den verheerenden Großbrand im Jahr 1774 völlig zerstört wurde, bot sich das Palais als Notlösung an. Die zentrale Lage am Theater und somit der Kulturstätte Weimars gefiel ihr jedoch so gut, dass sie ihren Witwensitz dort fest einrichtete.

Über dreißig Jahre war es der jungen lebensfrohen Dame vergönnt, hier zu residieren. Berühmt wurden ihre freitäglichen Tafelrunden. So manche illustre Gesellschaft von Literaten, Musikern und Künstlern traf sich bei ihr in diesem Haus. Glücklich schätzen konnte sich ein jeder, der hierzu eingeladen oder von Freunden als Gast zu den Matinéetreffen mitgenommen und dort in die illustre Runde eingeführt wurde. Nach gut einer Stunde endet die Führung durch das Palais.

Mittlerweile blinzelt die Sonne zaghaft hinter dem Frühdunstschleier. Ein Bilderbuchherbsttag erwacht. Sonnenlicht wechselt vom Leuchten ins Strahlen. Die ein wenig erwärmte Luft fordert geradezu zu einer kurzen Kaffeepause im

Freien heraus und – ja – da ist er wieder, der alte Herr von heute Morgen.

Von meinem Stuhl vor dem Café aus kann ich ihn an der gegenüberliegenden Häuserecke ausmachen. Er lehnt sich mit seiner rechten Körperseite an die Hauswand, schmiegt sich dort förmlich an. Bei genauem Hinschauen kann ich sehen, wie zerbrechlich dieses Menschlein ist. Seine dünnen, fast knöchern wirkenden Beine sind übereinandergeschlagen und es sieht beinahe aus, als könnten diese den schmächtigen, ein wenig in sich zusammengesackten Körper nicht länger tragen. Ich bezahle schnell meinen Milchkaffee und gehe quer über die Straße auf den Herrn zu.

»Entschuldigen Sie bitte, kann ich helfen? Ist es Ihnen nicht gut?«

Erstaunt dreht der Mann sich zu mir um, sieht mich kurz an. »Nein, danke. Das ist nett von ihnen.«

Ein wenig ratlos bleibe ich bei ihm stehen. Er sieht aus, als könnte ihn jeden Moment der zarteste Windhauch verwehen. Seine Gesichtszüge sind durchsichtig blass, teils kantig. Lediglich eine dünne pergamentene Hautschicht überspannt die Wangen dieses Menschen und hält seine Mine zusammen.

»Ich nehme heute Abschied von dieser Stadt«,

erklärt er beredt weiter. »Viele Jahre – sehr viele – habe ich in Weimar gearbeitet. Ich lebe in einem Seniorenheim in der Vorstadt und bin heute nur nach hier gekommen, um mich von lieb gewordenen Plätzen, die ich seit Jahren kenne, zu verabschieden. Es wird wohl das letzte Mal sein, dass ich die Kraft dazu habe.«

»Sicher ist noch vieles so, wie Sie es von früher kennen.«

»Nein, ganz so ist das nicht. Das Stadtbild hat sich doch sehr verändert. Die Stadt ist mir ein wenig fremd geworden. Sie kommt mir heute so weit und groß vor, sodass ich sie kaum mehr erkenne. Aber, so ist das nun mal. An manchen Tagen habe ich meine liebe Not, dass ich mich selbst noch kenne. Ich will dies Bild vom heutigen Weimar ganz bewusst in mich aufsaugen. Dazu lasse ich mir heute viel Zeit. Solch ein schöner Tag ist ein Geschenk und gehört ganz mir und meinen Erinnerungen. Es wird wohl ein Abschied für immer werden. Recht herzlichen Dank für Ihre Fürsorge.«

Seine leise gesprochenen Worte lassen mich verstummen. Er aber dreht sich um. Mit bedächtigen Schritten schlurft er auf seinen Stock gestützt in Richtung Frauenplan und Goethehaus.

2015

Großfamilie Huber Brügge/Belgien 2012

Ja, sie sind eine glückliche Familie, Herr Huber, Frau Huber und ihre zwölf Kinder. Der in Abständen von ein bis eineinhalb Jahren aufgefüllte Bestand des Nachwuchses zählt vier Jungen und acht Mädchen. Ein größerer Anteil der männlichen Geburten wäre zur Bewältigung der Arbeit in Haus, Hof und auf dem Felde praktischer gewesen.

Die Hubers leben auf dem Lande, ungefähr fünfzehn Kilometer von der nächstgrößeren Stadt entfernt. Die Jüngeren bis zum Alter von zehn Jahren gehen in die Grundschule vor Ort. Der Schulweg dauert für sie keine zehn Minuten. Die Älteren fahren mit dem Bus in die benachbarte Kleinstadt, um dort das Gymnasium zu besuchen. Lediglich die zwei Jüngsten der Großfamilie, die beiden letztgeborenen Töchter Susanne und Marlies, wuseln der Mutter noch täglich um die Beine bei deren Arbeit. Frau Huber ist es gewohnt, von früh 5.00 Uhr bis zum späten Abend zu schuften. Ihr Mann kommt erst gegen 17.00 Uhr nach Hause. Ein schneller Kaffee im Stehen und weiter geht es dann auch für ihn mit Arbeit. Und an dieser herrscht wahrhaftig kein Mangel. Irgendetwas ist immer dringend zu erledigen.

In den Wintermonaten, in denen die sogenannte Wintergerste dem Frühjahr entgegenträumt, ruht für kurze Zeit die Arbeit auf den Äckern. Es ist endlich einmal Zeit, im Wohnhaus und den angrenzenden kleinen Stallungen notwendige Reparaturarbeiten und Verschönerungsmaßnahmen in Angriff zu nehmen.

Kommen die Großen aus der Schule, so müssen auch sie sich gleich nach dem gemeinsamen Mittagessen und den Hausaufgaben ohne Pardon in den Arbeitsprozess einreihen. Mutter Huber führt ein liebevolles, aber unerbittliches Regiment. Auf andere Weise ist dieser großen Rasselbande auch nicht Herr zu werden. Auch nach den Geburten, die in recht regelmäßigen Abständen anstanden, hat sich Mutter Huber keine Ruhe gegönnt. Ein Tag läuft nur problemlos, wenn jedes Familienmitglied genau weiß, was zu tun ist und welche Arbeiten von ihm zu erledigen sind auf dem großen Hof.

»Großer Hof« ist eigentlich das falsche Wort. Herr Huber ist ein sogenannter Nebenerwerbslandwirt. Der Ertrag, den er Jahr für Jahr auf seinen ca. 8 Hektar Land erwirtschaftet, kann seine Großfamilie nicht ernähren. Er arbeitet tagsüber zusätzlich auf dem Bauhof der Gemeinde.

Die Eheleute Huber beherbergen außer ihren zwölf Kindern zwei Kühe, eine Ziege, acht Stallhasen, neun Legehennen, einen stolzen Hahn, eine Katze und den Hofhund Basti. Sie alle stehen in Lohn und Brot, außer der Katze, die lediglich ihren Ruheplatz auf der Fensterbank vor dem Fenster der Küche beansprucht. Für ihre Verpflegung hat sie alleine Sorge zu tragen. Und diese Verpflegung gedeiht üppig im Garten, im Feld und in den Ställen und der großen alten, schon ein wenig in die Jahre gekommenen Scheune. Diese steht gut einen halben Kilometer vom Wohnhaus und den Ställen entfernt. Wäh-

rend der Erntezeit wird sie nach und nach mit den Heu- und Strohvorräten für lange kalte Wintermonate angefüllt.

In diesem Jahr sind die Vorräte nahezu aufgebraucht. Heu ist out und nur wenige Rollen Stroh müssen die Zeit bis zur nächsten Ernte überbrücken. Bedauerlicherweise ist heuriger Sommer arg verregnet. Einzelne Tage waren es bisher, an denen sich die himmlischen Schleusen nicht öffneten. In diesen kurzen Zeitspannen hatte das feucht gewordene Gras bis zum Abend keine Gelegenheit abzutrocknen. In die Scheune eingefahren werden darf nur gänzlich trockenes Heu. So schaut Herr Huber schon seit Tagen jeden Morgen seufzend den Himmel an. Er kommt doch erst am späten Nachmittag nach Hause. Wann kann er da bei dieser unbestimmten Wetterlage mähen? Am kommenden Mittwoch ist Vollmond, danach soll das Wetter stabiler werden.

Es geht eine weitere Woche ins Land. Eines Morgens, des langen Wartens müde, fasst Herr Huber einen heroischen Entschluss: »Heute wird gemäht. Du kannst schon mal anfangen, bis ich nach der Arbeit komme, dann helfe ich dir.«

Gesagt – getan. In der Mittagszeit, als die Sonne am höchsten steht und das nachtfeuchte

Gras beinahe abgetrocknet ist, startet Frau Huber. Sobald sie die jüngsten Familienmitglieder fürs Mittagsschläfchen ins Nest gelegt hat, tuckert sie mit dem Mäher raus und beginnt mit der Maat. Gekonnt, durch jahrelanges Training geeicht, fährt Frau Huber Reihe für Reihe über die Wiese. Nach 17.00 Uhr, als ihr Mann ermüdet seinen eigentlichen Arbeitstag hinter sich lässt und nach Hause kommt, ist ihre Arbeit schon weit fortgeschritten. »Wir lassen liegen und morgen in der Frühe kann ich das Ganze noch ein- oder zweimal wenden.«

Dieser Vorschlag wird vom Hausherrn akzeptiert und beide machen sich auf den Weg nach Hause. Die kleinen Mädchen haben schon längst ausgeschlafen und spielen munter mit den Geschwistern im Garten. Jetzt ist auch die Mutter rechtschaffen müde.

Am nächsten Vormittag lässt Frau Huber wieder die Hausarbeit liegen, bringt die Kleinen bei der Nachbarin unter und fährt raus, um zu wenden. Beinahe trocken ist das Heu gegen Abend. Es ist knapp 17.00 Uhr, als die ersten grauen Wolken von Westen zaghaft den Himmel verdunkeln. Nun aber »dalli«. »Alle Mann an Bord und mit anpacken!« Die Familienmitglieder ab einer Größe von ca. 1,50 m greifen in den Einholprozess ein und gabeln das abgetrocknete Heu auf den bereitstehenden Wagen. Zwei der Töchter haben diesen erklommen. Mit allen Kräften trampeln sie das Heu, das die anderen mit Schwung nach oben gabeln, fest zusammen. Unter lautem Gelächter führen sie in luftiger Höhe die reinsten Indianertänze auf. »Schnell, schnell vor dem nahenden Gewitter den beladenen Wagen in die Scheune fahren.« Der Himmel entlässt schon die ersten dicken Tropfen. »Abladen können wir morgen!« Erschöpft verriegelt Herr Huber das hölzerne Scheunentor. »Geschafft.«

Die Strecke zum Wohnhaus müssen sie rennen. Der Himmel öffnet bereits seine Schleusen. Gekocht wird heute nichts mehr. Müde sitzt die Familie zu einer gemeinsamen Brotzeit um den großen Tisch. Morgen ist wieder Schule. Es wird Zeit für die Großen, zu Bett zu gehen. Mutter Huber versorgt die Kleinsten, räumt die Küche auf und zieht sich zusammen mit Herrn Huber zur wohlverdienten Nachtruhe zurück. Beide sind zum Umfallen müde und gleiten sofort in einen traumlosen Tiefschlaf.

Drei Stunden später schlafen sie, der Natur folgend, noch viel tiefer und da geschieht es, dass Nachbar Mertens ein menschliches Rühren verspürt und einige Augenblicke auf seiner außen im Hof befindlichen Toilette zubringt. Halb verschlafen blinzelt er durch das winzige Herzchen in der Holztüre und sieht in einiger Entfernung einen hellen Lichtschein. »Was ist das? Arbeiten die Hubers jetzt auch noch bei Licht und im Regen?«

Schlagartig erwacht er gänzlich. Es brennt – Hubers Scheune brennt! »Verdammt und zugenäht – ich muss rüber.« Und er rennt, so schnell er eben kann, im Schlafanzug zum Wohnhaus der Nachbarfamilie. Erst klingelt er, dann bummert er mit all seinen Kräften gegen die Haustüre, hämmert gegen alle geschlossenen Fensterläden – nichts rührt sich. Niemand erwacht. Die gesamte Familie liegt in erschöpftem, einer Ohnmacht ähnlichem Tiefschlaf. Obwohl Mertens die Freiwillige Feuerwehr des Ortes und eine Unzahl Helfer mitten in der Nacht alarmiert, die Scheune samt Inhalt brennt gänzlich nieder.

Und Hubers schlafen immer noch.

Erst am nächsten Morgen, als Frau Huber in der Küche das Frühstück richten will und, damit sie das Tageslicht nutzen kann, die Fensterläden aufstößt, erblickt sie mit Entsetzen, was im Dunkel der Nacht geschah. Die Scheune sowie der Heuwagen samt Ladung waren ein Raub der Flammen geworden. Für den bevorstehenden Winter sind alle Vorräte vernichtet, das Heu, das im

Wagen gestapelt war und die Strohrollen, die an der einen Seite des Schuppens lagerten. Nichts mehr – absolut gar nichts mehr außer verkohlten Holzbalken und Trümmerresten vor Ort.

Es ist nicht zu fassen. Wortlos und mit Tränen in den Augen stehen die Hubers vor diesem Chaos und schauen sich an. Das war mit Sicherheit ein teuer erkaufter Tiefschlaf.

2012

Im Paradiesgarten   Hanau 2013

Ich lebe in einem verwachsenen, romantisch anmutenden, nicht sonderlich aufgeräumten Garten, eher in einem chaotischen Gartenversuch – in einem Versuchsgarten. Wild sprießen Unkräuter allerorts aus den Beeten, ersticken beinahe die kleinen Pflänzchen von Kohlrabi und Kopfsalat, die versuchen, diesem Chaos zu trotzen und in die Höhe zu wachsen. Der hintere Teil dieses grünen Paradieses wird überragt von zwei hohen, dunklen Tannen, die mit ihrem mächtigen Geäst dem ganzen Grünzeug, seien es nun Büsche, Stauden, Blumen oder schwache Versuche eines Gewürzgartens, das Licht zum Überleben nur in kleinster Dosierung zuteilen.

Ein weicher Teppich herabgefallener Tannennadeln lädt zum Barfußlaufen ein. Ein Hindernislauf, und Sieger ist der, dem es gelingt, den von den Bäumen als reif entlassenen, nach unten gefallenen Zapfen mit ihren harten Schuppen schnell und geschickt auszuweichen.

In diesem Garten fühle ich mich sauwohl – sozusagen »spinnenwohl«. Glücklich bin ich. Ich denke, ich habe mein kleines persönliches Paradies gefunden. Es gibt unzählige Möglichkeiten für mich, meine Behausung zu weben und aufzuhängen, wollte ich nun auf der Schatten- oder der Sonnenseite weilen.

Heute sind auch wieder die Kinder draußen und im Garten geht es fröhlich zu. Lautes, wildes Lachen und Geschrei quirlen die Luft. Eben schwinge ich an meinem dünnen Faden hin und her, als mein scharfes, geschultes Augenpaar eine große braune Ameise entdeckt, die sich gerade in diesem Moment, als ich ihrer ansichtig werde, zum Mittagessen eine kleine blasse Obstfliege geschnappt hat. Sollte das nicht auch für mich ein Leckerbissen – ein Doppelleckerbissen – sein? Ich müsste diese beiden Lieben lediglich blitzschnell einspinnen und in meiner Vorratskammer aufhängen für später.

Leider werde auch ich bei meinem Tun beobachtet. Eine Kinderstimme durchbricht meine Gedanken. »He, willst du mal die zwei in Ruhe lassen!« Einer der gerade eben noch hüpfenden Jungen hat meine eifrigen Bemühungen, die Ameise samt Obstfliege zu fesseln, beobachtet. Seine kleinen, schmutzigen Hände umklammern einen Erdklumpen. »Wenn du die beiden nicht in Ruhe lässt, dann muss ich dich jetzt gleich zerschmettern.« Der große braune Erdklumpen kommt mir bedrohlich nah. Ich kann seine Nähe schon riechen. Da – ein Schlag – ein Rums – gerade noch kann ich zur Seite ausweichen. Ich zittere vor Angst mit all meinen dünnen Beinen. Ein erneuter Lufthauch – ich bin getroffen! Schwer getroffen! Kraftlos muss ich die Ameise, die ich gerade strangulieren wollte, aus meiner Umklammerung lassen.

»Bravo, getroffen! Jawohl, Klasse, so ist's richtig, du blöde Ameise.« Diese, sich momentan ihrer letzten Minute bewusst – vielleicht hat sie vor lauter Schreck auch einen Schluckauf bekommen – spuckt die kleine Obstfliege wieder in die

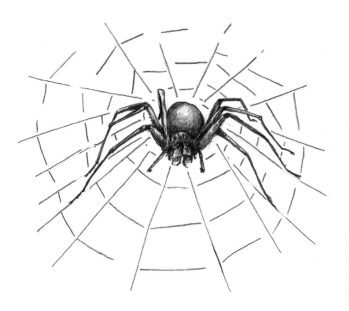

Freiheit. Schnell fliegt diese, ein wenig benommen noch, in die Lüfte und verlässt das Schlachtfeld.

Auf der Strecke bleiben zwei Tote – eine Spinne und eine Ameise.

Allen Lesern dies zum Trost: Die beiden zurückgebliebenen Toten fanden ihre letzte Ruhestätte unter den hohen Bäumen des Gartens, wo sie in Heimaterde liebevoll bestattet wurden.

Tote im Gartenparadies? Das kann's doch nicht gewesen sein? Bleibt ruhig, seid ruhig. Auch wenn ein verwunschener Garten nicht immer das Paradies auf Erden sein kann, sollten wir andernorts weiter danach suchen. Jeder von uns hat die Chance, sein eigenes persönliches Paradiesgärtchen zu finden.

2014

Sylter Begegnung   Sylt/Wenningstedt 2014

»Das gibt mit Sicherheit ein herrliches Bild«, spreche ich die Frau an, die ich seit einigen Minuten von der Seite beobachte. Eine Frau mittleren Alters, recht sportliche Erscheinung. Sie steht an der oberen Treppe zum Sandstrand und versucht gerade mit ihrem I-Pad, den Sonnenuntergang aufzunehmen.

An klaren Tagen ist das Beobachten der untergehenden Sonne ein Muss und es finden sich immer eine Menge motivierter Menschen jeglichen Alters hierzu oberhalb des Strandes ein. Je nach Jahreszeit geht die Sonne im Norden erst spät unter und sie zeichnet während dieser Phase eine glitzernde Lichtstraße auf das Meer, bevor die sich ins Rötliche färbende Sonne allmählich, ganz behutsam ins Wasser taucht, um zu verschwinden. Kaum ist sie in der Ferne untergegangen, wird es schlagartig dunkel und es weht ein frisches Lüftchen vom Wasser her.

Ich habe Verständnis dafür, dass die von mir Angesprochene diese Sonnenuntergangsstimmung konservieren möchte, um später beim Betrachten der Fotos die augenblickliche Stimmung wieder zu beleben. Und die Dame beginnt zu erzählen.

»Vor dreizehn Jahren war es, dass mein Mann ganz plötzlich verstorben ist. Gemeinsam hatten wir immer lange, wunderschöne Fahrradtouren unternommen. Und da, nach seinem so plötzlichen Tod, habe ich mir gedacht: ›Das kannst du auch alleine, Deutschland mit dem Fahrrad erkunden.‹ Bei meiner letzten großen Tour bin ich in Bayreuth gestartet und dann alle Mainschleifen bis Mainz abgefahren. Das waren so circa 800 bis 900 Kilometer. Stolz bin ich auf meine Leistung gewesen.«

»Das war eine große Leistung. Da können Sie aber auch sehr stolz auf sich sein.«

»Die Tour ging noch weiter. Im Anschluss an die vielen Mainschleifen führte die Route noch von Mainz bis nach Köln. Das Ganze zurück mit meinem Fahrrad, das wollte ich mir dann nicht auch noch antun. Zurück zu meinem Ausgangspunkt Bayreuth habe ich den Zug genommen. Nach so vielen Kilometern musste ich mich auch ein wenig ausruhen.

Heute komme ich von Flensburg per Fahrrad rüber auf die Insel, habe nur zwei große Packtaschen als Gepäck. Die Strecke beträgt vierzig Kilometer. Das ist nicht so weit und wenig anstrengend. Nur ein kleiner, kurzer Ausflug übers Wochenende. Meine einzige Tochter muss leider zu Hause sein und arbeiten. Aber ich stehe per Handy ständig mit ihr in Verbindung. In den langen Wintermonaten gehen wir gemeinsam meine Reisen nochmals durch. Ich führe ein Reisetagebuch mit vielen Bildern. Aus diesem Grund mache ich auch immer recht viele Fotos, damit ich für dieses Album die schönsten aussuchen kann.

Und, das muss ich Ihnen noch erzählen. Eben, kurz bevor ich Sie getroffen habe, rief mich meine Tochter an. Sie erzählte mir, dass sie im Internet gesurft habe und auch auf die Insel Sylt gestoßen sei. Und es ist wirklich nicht zu fassen, sie hat mich, ihre Mutter, im Internet entdeckt, wie ich just vor dem Kliffkieker am Steg stehe. Die Webcam hier oben« – und sie zeigt auf die Seite, wo dieses Teil an einer kleinen Stange befestigt ist – »hat es möglich gemacht.«

Wir haben ein sehr langes Gespräch über Gott und die Welt – wie man so sagt – geführt. Die sportliche und energiegeladene Dame war mir sehr sympathisch und unsere Gedanken und Meinungen stimmten in allem überein. Nachdem die Sonne für diesen Tag verschwunden war, verabschiedeten wir uns herzlich voneinander.

2015

Gefunden

Abendrot ertrinkt im Meer.
Fern wo die Wolken das Wasser küssen
Versinkt ein Boot am Horizont,
Um die Erde zu umrunden.
Ich suche die Stille.
Dort auf der einsamen Bank am Watt
habe ich meinen Frieden gefunden.

2011

Kreislauf

Wellen rollen sacht gegen den Strand.
Gedanken verlieren sich über dem Wasser
in endloser Ferne, irgendwo – nirgendwo.
Sie zerstäuben im Feucht und kehren zurück,
ungedacht, um erneut gedacht zu werden.

2015

Momente

*kommen und gehen – manche bleiben
für immer in unserem Gedächtnis*

Früher Morgen

Ich träume von einem taufrischen Morgen.
Noch ruht die Welt in verschleiertem Licht.
Kaffee und Zeitung – ganz ohne Sorgen,
Der tägliche Alltag belastet noch nicht.

Probleme erwachen mit uns'ren Gedanken,
Mutieren zu treuen Begleitern am Tag.
Manch guter Vorsatz gerät ins Wanken,
Da niemand sie alle zu lösen vermag.

Ich bin zufrieden, es muss mir gelingen
Ein fröhlicher Mensch trotz allem zu sein.
Oft habe ich Freude an kleinen Dingen,
Sie machen mich glücklich und Sorgen klein.

2012

Es war einmal ...

Warm ist es bereits am frühen Morgen. Ein Tag Ende April – Karfreitag – und das Thermometer zeigt schon um 11.00 Uhr am Vormittag zwanzig Grad an. Mit Sicherheit ist ein Tag im Kommen ähnlich einem Sommertag, an dem man am besten nach draußen geht, zu einem Spaziergang aufbricht, um die reine Schönheit eines Vorfrühlingstages zu genießen.

Auch mich packt an diesem Morgen das Vorfrühlingsahnen. Meinen Weg schlage ich Richtung Streuobstwiesen am Waldesrand ein. Lange Zeit ist kein Regen gefallen und der mit Gras bewachsene Feldweg liegt ausgetrocknet und ist gut zu belaufen. Karfreitag – an diesem Tag, als Christus gekreuzigt wurde, hatte sich vor Zeiten der Himmel verdunkelt. Trauernd und mahnend hatte er sich mit schwarzen Wolken überzogen. Ein Unwetter mit grellen Blitzen hatte die Menschen auf Golgatha das Fürchten gelehrt. Der Zorn Gottes war gewaltig.

Heute hingegen ist es ein Tag, um die Seele baumeln zu lassen. Ich gehe durch die Fluren und erfreue mich an der Natur. Die Rapsfelder malen im Grün der Wiesen und des nahen Waldes gelb leuchtende Streifen.

An meinem Ziel, der Streuobstwiese, angekommen, schlendere ich zuerst von Baum zu Baum, um den Stand der Blüten, das Wachstum und den Ansatz der hoffentlich kommenden Früchte zu begutachten. Die Blüten des Frühkirschenbaumes welken bereits. Bei jedem kleinen Windhauch hüllt mich ein Blütengestöber ein. Der Sauerkirschbaum steht in voller Blüte, rosa und weiße Blüten wie Wogen aufgebauschten Tülls. Für Blätter ist noch kein Platz an den Zweigen. Das verspricht einen enormen Honigertrag, sollten die Bienen fleißig sein. An der Arbeit sind sie bereits. Ein Surren und Summen tönt mir entgegen.

Für meinen Osterstrauß schneide ich einige Zweige am Waldesrand, nur wenige, nicht zu viele. Ich belasse der Natur ihr Gesicht.

Auf einer der Bänke möchte ich ein wenig verschnaufen. Ruhe und Frieden erfüllen mich und Leichtigkeit nimmt von mir Besitz. Mein Blick richtet sich in die Ferne, wo die schemenhafte grau-blaue Bergkette des Spessarts im Dunst liegt. »Hinter den sieben Bergen, bei den sieben Zwergen« kommt mir in den Sinn. Meine Gedanken driften ins Märchenland, in das Land, in dem Unholde, Gnome, Zwerge, Elfen und Feen, das Gute und Böse, Spuren und Gedanken ohne Argwohn, Neid, Ärger und Zorn friedlich einander umschlingen.

Erinnerungen an die Kindheit werden wach ...
Es war einmal.

2011

Ein Sommernachtstraum

Drohend verkündet die Apokalypse den grauenvollen Untergang der Welt.

Meteorologen, Klimaforscher, Wissenschaftler, Studierte und solche, die von sich sagen, viel oder alles zu wissen, sind sich einig: Das wachsende Ozonloch begünstigt die Erderwärmung. Von diesem Ozonloch besonders betroffen sind Arktis und Antarktis. Die Polschmelze nimmt seit Langem bedrohliche Ausmaße an. Es ist nachgewiesen, dass durch das Schmelzen des Eises der Lebensraum vieler Tiere, zum Beispiel der Eisbären, immer mehr eingeengt wird, denn der Meeresspiegel steigt stetig. Länder wie die Niederlande oder auch Teile von Indien, Bangladesch und Indonesien werden immer öfter überflutet werden, liegen doch große Bereiche ihrer Gebiete schon heute unterhalb der Meereshöhe. In ferner Zukunft verschwinden sie vielleicht sogar ganz von der Landkarte.

Vor direkter Sonnenbestrahlung in den Sommermonaten wird gewarnt. Hautkrebserkrankungen nehmen kontinuierlich und statistisch nachvollziehbar zu. Die Industrie der Pflege- und Sonnenschutzmittel boomt. Nicht ohne Kopfschutz ins Freie, wird propagiert. Es ist so heiß, dass die Erdoberfläche austrocknet. Die Wälder sind knistertrocken. Ein Funke kann ein Flammeninferno entfachen. Quadratkilometergroße Flächen werden Opfer von Waldbränden und Buschfeuern. Landwirte beklagen verkarstete Böden, geringere oder gar keine Ernten, kleinere Früchte ohne Saft und Kraft, leere Kassen ohne Bundes- oder Länderzuschüsse. Winterliches Schneegestöber aus der Kanone, Gletscherschmelze, Versickern des Schmelzwassers im Gestein. Doch oben am Berg, wo einst das kühle Gebirgswasser zu großartigen Wasserfällen anschwoll, die sich ihren feuchten Weg über Kanten und Klippen suchten, sickern nur noch dünne verlorene Rinnsale über den Fels.

Wo sind die Zeiten geblieben, da der Regenbogen in aufgewühlten und zerstäubenden Wasserfontänen seinen farbenreichen Bogen spannte? Flora und Fauna mutieren zu Wüstenvegetation. Sand und sterbendes Getier. Real wird sich unsere Welt verändern im Laufe der Zeit.

Gebäude und Gewässer speichern die Sonnenwärme. Kaum eine Brise bringt Abkühlung. Lange Abende verbringen wir draußen, um der Schwüle in den Räumen zu entgehen. Es ist anheimelnd, im Freien in leichter Kleidung zu sitzen, ein kühles Getränk in Reichweite, und den tanzenden Mücken im Schein des Windlichtes zuzuschauen. Lange noch, bis die Dunkelheit sich senkt, lauschen wir dem Abendlied unserer Vogelfreunde. Oft am Tage haben wir miteinander gesprochen. Habe ich die Blumen gegossen, den Rasen gesprengt und die Beete ein wenig aufgelockert – die Amseln waren immer in meiner Nähe und hatten versucht, ihr Mahl aus dem angefeuchteten Boden zu ziehen. Jetzt sitzen sie auf dem Vordach oder den Baumspitzen und trällern ihr Abendlied.

Sommer ist für mich der Inbegriff von Sonne, Wärme, Wohnen im Freien, abendliche Gesprächsrunden bei kühlen Getränken, Grillen mit Freunden, Lesen oder eins werden mit der Natur.

Nun taucht jedoch die berechtigte Frage auf: Wo ist der Sommer in diesem Jahr? Heute, Ende Juli, haben wir die Heizung wieder in Betrieb genommen. Wieso Erderwärmung, wenn davon nichts zu spüren, noch nicht einmal zu erahnen ist? Es ist kalt geworden, lausig kalt und ich friere. Für den Aufenthalt im Freien ist es ratsam, sich warm anzuziehen oder ständig im Dauerlauf zu bewegen. Vielleicht können wir auch das bekannte Lied »O wie ist es kalt geworden ...« anstimmen.

Meine kleine Welt, im abendlichen Dämmerlicht auf der Terrasse, war ein Traum – **ein Sommernachtstraum.**

2011

Erwachen

Ein Quell neuen Glücks entspringt dem Tag.
Die Seele wird leicht, gleitet selig auf Wolken.
Tief atmet der Mensch erquickende Freude.
Fast schwerelos kreisen Mücken im Licht,
Gefangen zwischen gestern und morgen.
Verweile Augenblicke unendlichen Friedens
Und lausche den Vögeln im kahlen Geäst.
Die Natur ist erwacht, neues Leben zu schenken.

2011

Die Tiroler sind lustig

Ja, ab und an muss der Mensch auch mal Urlaub machen. Urlaub, um sich zu erholen von den Mühen des Arbeitslebens. Urlaub, um Neues kennenzulernen. Urlaub wegen einer Luftveränderung, die aus gesundheitlichen Gründen ab und an ratsam erscheint. Urlaub, um Zeit mit lieben Menschen zu verbringen oder einfach nur mal Urlaub, weil es sein muss, damit man bei Bekannten und Freunden ein Thema hat zum Erzählen, zum Bilder oder Videofilme anschauen oder um ein wenig anzugeben, was der Urlauber alles in fernen Ländern gesehen oder erlebt hat.

Das Vorbereiten einer Urlaubsreise macht Mühe und sollte mit großer Gewissenhaftigkeit beizeiten angegangen werden. Es ist ratsam, dieses allumfassende Thema in der Zeit zwischen Weihnachten und Neujahr auf die Tagesordnung zu setzen. Wann wollen wir denn im kommenden Jahr Urlaub machen, wohin fahren wir, gibt der Chef uns frei in dieser Zeit, ab wann hat der Große Ferien?? Die wenigen freien Tage zwischen den Jahren werden also dafür genutzt, die ersten Vorbesprechungen in der Familie zu führen. Bei mehreren Personen führt dies fast zwangsläufig zu Differenzen und Auseinandersetzungen.

Genau so ist das auch bei Familie Sander in jedem Jahr aufs Neue. Vater Sander möchte in seine geliebten Berge zum Wandern und Mutter lässt lautstark wissen, dass ihr Traumziel der Süden sei. Sie möchte sich gerne am Strand des Mittelmeeres in der Sonne aalen und mit feurigen Südländern am Abend in einer Bar tanzen. Die beiden Kinder, sechs und acht Jahre alt, haben keine Chance, eine eigene Meinung zu äußern. Sie müssen sich nach ausführlichen Diskussionen den Plänen der Erwachsenen fügen.

Der väterliche Traumurlaub wird mangels Masse – »Da brauchen wir alle noch neue Wanderschuhe« – gestrichen. Also vereinbart Familie Sander, so wie in den letzten drei Jahren, wieder gen Süden an den Gardasee zu fahren. Es bleibt nun die Aufgabe von Frau Sander, zahlreiche Reisekataloge im Reisebüro zu holen und nach Hause zu schleppen. Diese werden tagelang durchblättert und auf infrage kommende Ziele durchforstet, bis der Vater ein großes väterliches Machtwort spricht: »Wir fahren wieder nach Garda. Da kennen wir uns aus. Da hat es uns auch die letzten Jahre gefallen und das Urlaubsziel liegt nicht zu weit. Die Fahrt mit dem Auto ist in einem Tag zu bewältigen.« Und – Vaters Machtwort hat Gewicht. Das Urlaubsziel ist seit mehreren Jahren bekannt und muss nun schnell bei dem Veranstalter gebucht werden. Vorerst ist das Thema »Urlaub« nun vom Tisch und erledigt.

Es vergehen einige Monate ohne Urlaubsstress und, nachdem auch Ostern und das Pfingstfest harmonisch vorübergegangen sind und der Zeitpunkt der gebuchten Urlaubsreise langsam bedrohlich näher rückt, beginnt der gleiche Affentanz wie in jedem Jahr.

Frau Sander fängt an, die beiden ihrer Meinung nach erforderlichen ›Urlaubsvorbereitungslisten‹ zu führen und diese nach und nach zu vervollständigen. Eine der Listen beinhaltet alle vor einer Abreise noch erforderlichen Besorgungen und Überlegungen, die da beispielsweise sind: Wer gießt unsere Blumen? Wem geben wir einen Hausschlüssel? Der Mensch, der die Tageszeitung bringt, muss Bescheid wissen. Am Abreisetag Blumen gießen, Müll in die Tonne bringen, der Nachbarin einen Hausschlüssel und einen für den Briefkasten geben, damit dieser während unserer Abwesenheit nicht überläuft und so weiter, und so fort.

Die zweite sehr lange Liste ist eine Aufstellung all der Dinge, die eine Vierpersonenfamilie für einen zweiwöchigen Badeurlaub unbedingt mitnehmen sollte und die dann im Auto auch unterzubringen sind. Das fängt bei der Wäsche, den Badesachen und zwei Plastikeimern samt Zubehör zum Buddeln an und hört erst beim Schlauchboot und den Federballschlägern auf. In jedem Jahr die gleichen schwerwiegenden Überlegungen: Was nehmen wir mit und was bleibt zu Hause. In dieser Liste wird immer sehr viel gestrichen, um es dann weiter unten erneut aufzuführen. Wirkliche Schwerstarbeit! Wie Vater Sander am Ende alles im Auto unterzubringen hat, das ist nun wirklich seine Sache. Damit hat der Rest der Familie nichts mehr zu tun. Nein, ganz im Gegenteil. Zu guter Letzt wird beim Autopacken von drei Seiten noch Kram rangeschleppt, der auf der zuständigen Packliste vergessen worden war. Am Abend vor der Abreise gehen alle früh zu Bett, will man doch am nächsten Morgen so gegen vier Uhr losfahren in der Hoffnung, dass zu diesem Zeitpunkt die Autobahn noch nicht überfüllt ist.

Es ist so weit, die Familie ist abfahrbereit. Das ganze Gepäck samt der beiden Kinder ist im Wagen verstaut. Die Klamotten von Vater Sander sind das erste Mal durchgeschwitzt. Nach vierzehn Tagen würde sich wie in jedem Jahr herausstellen, dass auch die Hälfte des Gepäcks noch zu viel gewesen wäre. Die Kinder ziehen im Urlaub am Morgen ihre Badesachen an und am späten

Abend wieder aus. Zusätzlich zwei lange Hosen, eine warme Jacke für kühle Tage und etwas Wäsche wären ausreichend gewesen. Also, Familie Sander startet pünktlich um fünf Uhr.

Bereits nach einer halben Stunde sind die Kids, die es nicht gewohnt sind, so früh aufzustehen, putzmunter und interessieren sich fürs Frühstück. Nachdem jedes Kind zwei Schokoriegel, ein hartes Ei und ein kleines Wurstbrot verdrückt hat, geht es den beiden sehr gut und sie beginnen gemeinsam das muntere Liedchen ›Die Tiroler sind lustig, …‹ zu trällern. Die Eltern stimmen fröhlich ein.

»Mama, wann ist Urlaub?«, kommt nach Absingen des Liedes die gedehnte Frage aus dem hinteren Teil des Wagens.

»Ihr müsst noch ein wenig Geduld haben. Es dauert noch«, beruhigt Vater Sander.

›Die Tiroler sind lustig, …‹ zum zweiten und bald danach die für die Kinder so wichtige Frage: »Wann sind wir denn endlich da?« Es ist doch tatsächlich schon eine halbe Stunde vergangen.

»Es dauert noch. Schlaft doch mal ein bisschen, dann geht die Zeit schneller rum.« Aber anstatt zu schlafen, singen nun die beiden mindestens noch zehnmal das fröhliche Liedchen von den Tirolern. Vater und Mutter Sander singen schon lange nicht mehr mit.

Doch plötzlich – der teils entnervte Vater Sander lenkt seinen Wagen besonnen weiter über die Autobahn – von hinten lautes Geschrei. Irgendwer hat irgendwen gebissen und gekratzt.

»Sakrament noch mal, wenn das so weiter geht, steigt ihr auf dem nächsten Parkplatz aus!«, tönt es von vorne lautstark nach hinten. »Das ist ja nicht auszuhalten. Nächstes Jahr fahren wir nicht in Urlaub.« Diese Androhung hat Folgen. Von hinten nur noch leises Gemurmel und Gebrummel. Eine halbe Stunde absolute Ruhe. Vater schaut in den Rückspiegel und stellt befriedigt fest, dass die Jüngsten trotz allen Widerspruchs nun doch eingenickt sind. Ihre Köpfe hängen ein wenig zur Seite und es ist Ruhe im Dom.

Vater Sander lenkt seinen Wagen weiter und weiter.

»Du musst unbedingt mal auf einem Parkplatz anhalten. Aber bitte auf einem, der auch ein WC hat«, erhebt nun Frau Sander ihre Stimme.

»Kannst du denn nicht noch ein wenig einhalten? Die Kinder schlafen gerade und wenn wir halten, dann werden sie mit Sicherheit wach.«

»Nein, länger geht das nun nicht mehr.«

Zehn Minuten später wird der nächste Parkplatz mit WC angesteuert. Mutter Sander steigt schnell aus und läuft auf dieses WC zu. Gleichzeitig werden die beiden Kinder auf der Rückbank wach, reiben sich die Augen und stellen die bei einem Anhalten wohl berechtigte Frage: »Warum halten wir? Ist hier schon der Urlaub?«

Vater Sander rauft sich die Haare, ignoriert seine Sprösslinge völlig und stimmt vehement das Lied an: ›Die Tiroler sind lustig …‹.

2015

Gezeiten

Gezeiten – kommen und gehen.
Gehzeiten?
Zeit zu gehen?
Wann?
Beizeiten – wenn es Zeit ist.

2012

Gemeinsam allein

Ruheplatz am Watt.
Zu zweit auf einer Bank.
Gemeinsam schweigen.
Jeder für sich alleine.
Gedanken fließen in die Weite.
Der Ruf des Kuckucks trennt ihren Lauf.
Sie zerrinnen über dem Wasser.
– Wieder alleine.

2013

Der Handkuss

Weit nach hinten, in den äußersten Winkel des Gartens, hatte sie sich für eine kurze Ruhepause zurückgezogen. Der Halbschatten des blühenden Jasminstrauches gehörte zu ihren Lieblingsplätzen im Grünen. Ein wenig war ihr Kopf zur Seite gesunken und ruhte nun entspannt auf der hohen Lehne des Korbstuhles. Die Augen hielt sie geschlossen. Ihre Atemzüge gingen ruhig und gleichmäßig. Sie wirkte entspannt, schien zu schlafen. Entschlummert und für kurze Zeit entrückt in der Mittagsstunde eines warmen Sommertages. Lässig ruhten ihre gepflegten, zarten Hände im Schoße. Ein Lüftchen fächelte Kühlung.

Ihre Gesichtszüge spiegelten den Hauch zarten Lächelns wider. Und dieses Lächeln ließ den Betrachter träumendes Erinnern an glückliche Augenblicke erahnen. An wen oder was dachte die zarte Frauengestalt wohl in diesem Moment? Eine sacht hin gehauchte Berührung, eine Berührung, wie der Streifzug eines lauen Lüftchens, ließ ihre Hand kurz zucken. Leichte Röte eroberte ihr Gesicht, überzog ihre Wangen. Ein glückliches Lächeln verzauberte ihre entspannten Züge wie der Schein aufgehender Sonne.

Ja, eben neigte er sich wahrhaftig über ihre Hand und hauchte derselben einen Kuss auf. Unendlich zart berührten seine Lippen ihre Finger. Ihre Augen blinzelten verträumt und verschlafen. Ein kleiner zart-gelber Schmetterling hatte sich eine ihrer Hände als Rastplatz ausgesucht, auf der warmen Fläche niedergelassen und diese – durch sein Federgewicht – kaum merklich berührt. Ihre spontane Bewegung beim Erwachen schreckte den Kleinen auf. Als ihre Hand zuckte, entschwebte er im Sonnenlicht. Der Hauch dieses vermeintlich zarten Handkusses – von wem auch immer – verflog wie ein allzu kurzer Sommertraum.

2009

Sommerende

Die Sonne streichelt sacht die letzten
                                   Sommertage.
Der Herbst reicht zitternd seine Hand.
Was war, was kommen wird, das steht in Frage,
Und wieder flieht ein fruchtbar Jahr das Land.

Schwer fällt es, mit der Eile Schritt zu halten.
Ein Hasten, Rennen, Laufen füllt den Raum.
Was heute wir an Zukunft noch gestalten,
War morgen nur ein kurz geträumter Traum.

2010

Drahtseilakt

Hoch oben unter der Zirkuskuppel – sozusagen zwischen Himmel und Erde – steht er auf einem schmalen Brett. Seine schlanke, grazile Gestalt erstrahlt im Lichtkegel der Scheinwerfer. Um und unter ihm dunkle Tiefe, erstarrte Ruhe. Ein kurzer Trommelwirbel.

Die lange Balancierstange hängt in Griffweite. Seine rechte Hand hebt sie aus der Verankerung. Schnell greift die Linke nach und schon hält er die Stange fest umfasst in Hüfthöhe vor sich. Ein kurzer Orientierungsblick nach unten, dann nach vorne – sein Ziel im Visier. Für einen Moment der Konzentration schließt er die Augen und atmet tief durch.

Sachte – kaum Druck ausübend – schiebt er seinen rechten Fuß auf das Seil, vorsichtig zuerst die Zehen, die Fußsohle wird beinahe zart nachgeschoben. Beide Füße stecken in speziellen leichten, dünnen Schühchen. Die Sohlen sind so griffig, dass ihr Träger damit das Drahtseil hautnah erspüren kann. Nun das gleiche, eingeübte Ritual mit dem linken Fuß. Nicht nach unten blicken. Ausbalancieren. Den Blick konzentriert nach vorne. Nicht schauen – nicht denken. Die Balancierstange fest im Griff.

Geschmeidig einen Fuß über den anderen setzend, gleitet der Akrobat Zentimeter um Zentimeter seinem Ziel auf der gegenüberliegenden Seite entgegen. Ein energisches Auftreten nacheinander mit beiden Füßen. Die rettende Insel ist erreicht. Er lässt die Arme mit der Stange leicht nach unten sinken. Die Spannung des Körpers erschlafft, sein Kopf hebt sich und blickt rundum. Es ist geschafft. Die erste Etappe seines Drahtseilaktes ist vollbracht. Kurze Entspannung.

Wende des Körpers, die Balancierstange fest mit beiden Händen umklammern, den Blick wieder nach vorne und über das Seil zurück zur Ausgangsposition. Applaus!! Eine Verneigung nach allen Seiten.

Und jetzt wird dieser waghalsige Mensch dort oben auf dem Seil übermütig. Die Stange wird an ihrem angestammten Platz befestigt. Dann hangelt er seitlich nach einem einrädrigen kleinen Fahrrad. Ein Rad in der Größe eines Kinderfahrrades. Bedächtig setzt er dieses auf dem Drahtseil auf und, mit dem linken Arm sein Gleichgewicht ausbalancierend, besteigt er vorsichtig den Sattel. Die Beobachter halten erschrocken, die Köpfe im Nacken, die Atemluft an und schauen fasziniert nach oben. Da will doch nun wahrhaftig dieser Mensch mit seinem Einrad über das

Drahtseil zur anderen Seite fahren – und schon setzt er es in Bewegung. Gelungene Ankunft auf der Gegenseite – Tusch – und zurück geht die verwegene Fahrt. Applaus!!

Der Lautsprecher verkündet eine Pause von zwanzig Minuten. Während dieser Zeit soll das große Fangnetz unterhalb des Drahtseils abgebaut werden. Die Manege muss geräumt werden. Gleich nach der Pause wird der Platz für die Tierdressuren benötigt. Gut, sinniere ich vor mich hin. Der soeben erlebte Nervenkitzel ist für den Akrobaten mit Sicherheit Routine geworden. Vorgänge, die jahrelang bis ins Detail minutiös eingeübt wurden und die sich nun bei jedem Auftritt genauestens nach Plan wiederholen. Die dieser Handlung entsprechende Erinnerung wird aktiviert und abgespult. Das kann tausende Male gut gehen. Ein Restrisiko, für den Bruchteil einer Sekunde nachlassende Konzentration, und schon könnte dieser waghalsige Auftritt zum Absturz führen.

Meine Gedanken wandern. Da ließe sich manche Parallele zu unserem Leben finden. Gehören nicht auch zu dessen Bewältigung Mut, Konzentration, Ausdauer, Routine und von Fall zu Fall oft eine große Portion Waghalsigkeit? Alles Grundvoraussetzungen für nachhaltige Leistung. »Wer nicht wagt, der nicht gewinnt« sagt ein Sprichwort. Soll die Bewältigung einer Aufgabe, vielleicht einer Lebensaufgabe, der wir uns gestellt haben, von Erfolg gekrönt sein, so gehören mit Sicherheit Mut und in den meisten Fällen sogar ein gewisses Quantum Waghalsigkeit dazu, die Möglichkeiten des Gelingens sowie des Erfolges eines Vorhabens zu garantieren.

Und wann wird etwas zur Routine? Wissen, Kraft und Energie gepaart mit Ausdauer und Beharrlichkeit müssen zwangsläufig zusammenwirken. Diese Voraussetzungen im Verbund, über einen langen Zeitraum wieder und immer wieder eingesetzt und genutzt, ergeben routinierte Leistungen. Ein mutiges Wagnis dürfte bei präziser Betrachtung jedoch immer ein Drahtseilakt bleiben.

2015

HerbstZeitLose

Herbst

Seit einigen Tagen bewegt ein leichter Wind die Natur. Das Blattwerk an Büschen und Bäumen, das bis vor Kurzem noch der Natur trotzte, lichtet sich. Lautlos trudeln rotgelbe Farbtupfer gemächlich zur Erde. Die Morgen- und Abendstunden fühlen sich frisch, sogar schon recht kühl an. Die Temperaturen, die das Außenthermometer anzeigt, liegen nur wenige Grade über dem Nullpunkt. Der Mensch fröstelt und schlägt den Kragen höher. Vielleicht läuft er auch ein wenig flotter auf seinem Weg zur Arbeit am frühen Morgen. Flottes Gehen regt den Kreislauf an und wärmt.

Nur wenige, knapp bemessene Sonnenstunden füllen den Mittag. In einem gewaltigen Kraftakt schafft es die herbstliche Sonne bisweilen, den Frühnebel und dichten Dunst, die wie eine kuschelige Decke Mensch und Natur einhüllen, zu durchdringen. Ein Hauch von Restsommer verströmt für kurze Zeit nochmals ein wenig Wärme. Die Zeit der Papiertaschentücher ist gekommen. Viele Triefnasen machen ein Vorratsdenken erforderlich.

Nicht im Freien und schon gar nicht am Arbeitsplatz ist es gemütlich. Wärme und Geborgenheit findet man um diese Jahreszeit nur zu Hause in den eigenen vier Wänden. Eine Tasse mit heißem Tee, dazu einen Lebkuchen – den ersten in diesem Jahr –, bei kalten und feucht gewordenen Füßen die handgestrickten Socken – ja das ist Gemütlichkeit pur. So kann sie sich anfühlen und so ist es wohl auszuhalten. Sollte uns nach einem kurzen Lesestündchen sein und wir dazu im Bücherregal ein Buch so ganz nach unserem Geschmack und passend zur augenblicklichen Stimmung finden, dann erwärmt sich nicht nur unser Körper, sondern beim Lesen auch unsere strapazierte Seele.

Herbst – viele Menschen lieben diese Jahreszeit. Die nötigen Arbeiten im Garten sind abgeschlossen. Die Beete abgeräumt, die Früchte geerntet. Die Vorratskammern für die bevorstehende Winterzeit gefüllt. Was bleibt da noch zu tun? Ein fest im Leben stehender Mensch kennt keine Zeiten, in denen er »Nichts« erledigen muss. Oft waren die verflossenen Tage zu kurz, um alles zu fassen, was wir uns vorgenommen hatten. Wir haben uns an manchen Tagen selbst unter Druck gesetzt.

Bedenkt man jedoch jetzt in dieser stilleren Zeit, was im abgelaufenen Jahr alles erledigt, was gearbeitet und zustande gebracht wurde, so kommt die ruhigere Zeit mit Recht. Einen Gang zurückschalten. Ein wenig ausruhen und verschnaufen ist angesagt. Manches ist auch während der Nahkampfphasen als unerledigt vorläufig beiseitegelegt worden. Vieles kann jetzt geruhsam aufgearbeitet werden. Neue Kräfte sollten wir sammeln, durchatmen, verschnaufen. Außerdem ist es an der Zeit, die ersten Vorbereitungen für das bevorstehende Weihnachtsfest zu treffen. Noch hat es keine Eile damit. Aber die Zeit läuft und drängt. Und wir geraten gegen Ende der Adventszeit wie nahezu in jedem Jahr wieder ins Schlingern.

Herbst – Herbst unseres Lebens. So wie wir ein abgelaufenes Jahr betrachten mit all seinen angefallenen und erledigten Verpflichtungen, Mühen und Nöten, so sollte auch unser Leben, das hinter uns liegt, gesehen und aufgearbeitet werden.

Stellen wir den Ablauf eines Jahres dem Ablauf unserer bereits gelebten Lebenszeit gegenüber, so sind die Inhalte vergleichbar, beinahe identisch. Es war und ist ein Auf und Ab an Verpflichtungen, Aufgaben, Anreizen und Erlebnissen mannigfaltiger Art. Nur dürfte die verflossene Lebenszeit, ganz gleich wie sie gelebt und empfunden wurde, ein wenig praller bei diesem Vergleich daher kommen.

Herbst bedeutet aber noch kein Ende. Positiv denken. Herbst meint erst Dreiviertel eines Ganzen. Wir haben sicherlich noch ein viertel Lebenszeit vor uns. Und wir werden dieses Viertel leben und genießen.
Der Herbst ist liebens- und lebenswert.

Zeit

»Ich habe keine Zeit«. Oft wird dieser Satz ohne Nachdenken ausgesprochen, eventuell jemandem entgegnet, der ein wenig in unseren Alltag eingreifen will. Und sehen wir diese ohne nachzudenken ausgesprochene Erklärung genauer an, so merken wir rasch, dass diese Aussage nicht den Tatsachen entspricht. Die Zeit, die uns so knapp bemessen scheint, ist da. Jeder Tag hat vierundzwanzig Stunden. Das ist schon immer so gewesen und wird auch so bleiben. Das ist Gesetz. Da könnten wir nichts daran ändern, wenn wir das auch wollten. Vierundzwanzig Stunden können sich endlos dehnen, z.B. wenn wir nicht recht wissen, was damit anfangen. Jedoch erscheinen uns vierundzwanzig Stunden als zu kurz, wenn wir zu viel hineinpacken. Es liegt in der Natur mancher Menschen, dass sie zu viel auf einmal erledigen wollen oder müssen, sich quasi überfordern. Dann läuft schon mal die Zeit davon. Wir erledigen unsere Vorhaben nicht zur rechten Zeit. Ein Termin jagt den nächsten. Wir können nicht mit der uns zur Verfügung stehenden Zeit und unseren Vorhaben Schritt halten.

Die Zeit wird knapp. Ein Jahr, dieses Jahr, läuft auf das Ende zu. Blind, dumm, eigensinnig, hastig und ungeduldig waren wir. So viel unserer kostbaren Zeit wurde verschwendet und vertan mit Dingen, die wir hätten aussparen sollen. Ach – könnten wir sie nochmals zurückdrehen, unsere Zeit. Wie gerne würden wir so manches anders anpacken und von neuem beginnen. Hätten wir vor der Zeit gewusst, wie alles läuft. Vieles wäre vor dem Geschehen zu verhindern oder zu ändern gewesen.

Aber, wie alles lief, war es nicht aufzuhalten. Es ist geschehen und wir haben alles geschehen lassen. Rücksicht auf das so kostbare Geschenk Zeit hat keiner von uns genommen. Sie war da und wir haben die Fülle genossen. Ohne groß nachzudenken, haben wir sie gebraucht – verbraucht. Jetzt aber ist sie beinahe bis zu ihrem Ende erschöpft. Sie zerrinnt unaufhaltsam. Wir können ihr eiliges Voranschreiten weder steuern noch aufhalten. Ein »Halt – bleib endlich stehen!« gibt es nicht. Es wäre auch sinnlos. Die Stunden und Tage verrinnen unaufhaltsam.

Die Zeit fließt wie der Sand in der Sanduhr.

Los

Los – solo – allein – unabhängig – los und ledig – o d e r auf los geht's los, beginnen – anfangen – loslassen

In unserer Jugendzeit haben wir oft in froher Runde gespielt. Ein beliebtes Spiel in Gesellschaft war »Teekessel«. Wir haben es geliebt. Der Sinn und die Aufgabe dieses Spieles waren es, ein Wort mit mehreren Bedeutungen zu erraten. Der Frager tastete sich durch geschicktes Fragen an die Lösung heran, während die andere Seite stets nur mit »ja« oder »nein« antworten durfte.

»Los« ist solch ein Wort mit quasi drei Bedeutungen. Mehrere Auslegungen sind möglich. Zum einen die Bedeutung des Wortes im Sinne von frei sein, unabhängig von anderen. Wir können euphorisch dieses befreiende Gefühl genießen, wir können tun und lassen, was wir wollen. Was wir auch beginnen, es hat uns niemand reinzureden. Alles ist unsere Entscheidung. Wir können leben, wie wir wollen. Es ist allein unsere Angelegenheit, unser Ding. Wir sind völlig unabhängig. Keine andere Meinung muss uns kümmern. Was wir auch machen, niemanden geht es etwas an.

Oder das Wort »l o s« als Aufmunterung, als Befehl. ›Jetzt mal los‹ heißt die Parole, unter der wir eine Sache beginnen sollen. Ein liebevolles ›los – nun mach schon‹ oder ein mächtig donnerndes, mit Druck geschmettertes ›verdammt noch mal, nun mach endlich los‹, so als würde der Auffordernde uns zu einer Tätigkeit, einem Tun drängen, gleich die folgerichtige Antwort erwartend ›es geht schon los‹.

Eine dritte Möglichkeit wäre noch das »Los« als solches. Das kleine Schnippselchen Papier, das uns mitteilt, ob wir ein begehrliches Ding verloren oder gewonnen haben. Bei Nichtgewinn steht auf dem Zettel »leider verloren«. Wir schauen traurig und vielleicht ein wenig enttäuscht, zerknüllen die kleine kurze Mitteilung und werfen sie weg. Sollten wir jedoch das Glück gehabt haben, einen Gewinn zu ziehen, so ist der Zettel in den meisten Fällen mit einer Nummer versehen und wir dürfen an vorgesehener Stelle einen meist sehr kleinen, unnützen Gewinn abholen. Gebrauchen können wir diesen Kleingewinn selten. Er ist überflüssig. Wir hatten nur den Kick einer kurzen Hoffnung. Es hätte ja sein können, dass …

Und so bleibt es jedem überlassen, sich das für ihn zutreffende »Los« auszusuchen. Eine Situation wird sich durch die entsprechende Betonung oder Auslegung rasch umkehren. Wir haben es in der Hand.

HerbstZeitLose

Jetzt finden wir sie wieder vereinzelt auf den herbstlichen Wiesen. Giftig sind sie, diese zartlila Blütenkelche, die sich blattlos in die Höhe recken und man sollte sie besser nicht pflücken. Anschauen und sich an ihrem Anblick erfreuen.

Die Temperaturen dümpeln nach unten, die Tage neigen sich früh, die Energie der Natur erlahmt. Mit Mühe gelingt es diesen zarten Blüten, für kurze Zeit noch einen Hauch an Leben preiszugeben. Viel Kraft ist nicht mehr vorhanden, so kurz vor dem Winterschlaf.

Es sind die Herbstzeitlosen, die im schwindenden Tageslicht, von leichten Nebeln umwebt, sich wie kleine, züngelnde Flämmchen dem Himmel entgegen strecken. Ein Jahr geht zu Ende. Wir müssen es loslassen.

2014

Die Blaue Stunde

Diese Stadt hat ein Flair der besonderen Art, eine Ausstrahlung, die ihresgleichen sucht. Und das zu jeder Jahreszeit.

Mit mannigfaltigen Auslagen in unzähligen Geschäften, bunten, eleganten und bereits der Zeit ein wenig im Voraus weihnachtlich geschmückten Auslagen, lädt sie heute bei regennassem Schmuddelwetter die herbeiströmenden Besucher ein zum Verweilen, Schauen und Kaufen. Die Auslagen strahlen bereits im November wie ein reich gedeckter Gabentisch. Manche Sehnsucht wird geweckt.

Eine Stadt, die nach den zerstörenden Bombenangriffen des Zweiten Weltkrieges beinahe wieder in alter Schönheit erstanden ist. Vielleicht sind die Fassaden nicht mehr so gänzlich verschnörkelt und verziert, wie sie das vor dem Kriege waren. Diese aus den Trümmern des Zweiten Weltkrieges wieder erstandene Stadt bildet aber mit allen Gebäuden, seien sie privat oder öffentlich, eine harmonische Einheit. In der warmen Jahreszeit laden Plätze, verwunschene Ecken und grüne Oasen zum Sitzen, Entspannen und Ausruhen ein. Anfang November ist ein Verweilen im Freien wetterbedingt nicht anzuraten. Nieselregen und ein kühler Wind, die Vorboten der kalten Jahreszeit, können denen, die im Freien ausharren, ordentlich zusetzen.

Aber gerade jetzt und heute hatten sie sich an diesem nasskalten Novembertag in den Einkaufstrubel gestürzt mit dem Vorsatz, zu schauen und Anregungen für weihnachtliches Beschenken zu sammeln. Eine Mittagspause hatten sie unbewusst übergangen. Das Interesse an den mannigfaltigen Auslagen der Geschäfte ließ allmählich nach, die Beine wurden schwerer und Müdigkeit kroch in ihr Bewusstsein. Mehrere Stunden Bummeln und Schauen waren vergangen. Sie waren ausgelaugt und abgeschlagen. Auch Muße und Nichtstun können anstrengend sein.

Nach einem ausgiebigen Einkaufsbummel inmitten eines Stroms hastend Geschobener ist eine kleine Kaffeepause ein Muss. Die gehört einfach dazu, um den vorweihnachtlichen Bummel abzurunden und zu überstehen. Ein wenig aufwärmen, ein Viertelstündchen nur sitzen, verweilen, ausruhen. Entspannen bei einer heißen Schokolade, natürlich mit Sahne, um die verbrauchte Energie wieder aufzufüllen. Auch ein heißer Milchkaffee kann Lebensgeister erwecken. Als Krönung ein Stück Torte. Das alles gehört dazu und wärmt Leib und Seele.

Es war später Nachmittag, als die kleine Gruppe an diesem hausgemachten Stresstag ihrem Lieblingscafé zustrebte. Ein nostalgisch eingerichtetes Café mit viel dunkelrotem Plüsch zum Hineinsinken. Für sie, die sich in der Stadt auskannten, war es das »Café Wien«. Diese Ruheoase lag jedoch nicht in Wien, sondern bis vor wenigen Wochen noch in Münster in Westfalen.

Im Frühjahr und Sommer, wenn die Witterung es zuließ, lockten schon von Weitem die kleinen runden Tische und Sesselchen, die vor dem Café unter der Markise und auf der anderen Straßenseite geduckt an der Einfriedigung zum »Droste-Hülshoff-Haus« aufgereiht standen. Die besten Plätze natürlich in den vordersten Reihen. Von dort aus konnte man so schön die vorüberziehenden Menschen beobachten und auch ein wenig lästern.

Heute jedoch mussten sich die Gäste notgedrungen in die inneren Räume verziehen. Gemälde alter Meister an den wie Seide schimmernden Tapeten. Die Lämpchen der Lüster gedämpft, der »Spot« tauchte lediglich die Bilder im Raum in betrachterfreundliche Helligkeit. Auf den kleinen Tischen verbreiteten brennende Kerzen Wärme. Hier war Geborgenheit. Hier durften sich alle für kurze Zeit zu Hause fühlen. Das Café war gut besetzt. Halblautes Gemurmel, hier und da das Rascheln von Einkaufstüten, das dezente Fragen der Bedienung – das waren die Geräusche, die den Raum erfüllten und den Eintretenden entgegen waberten.

Sie zogen die Jacken aus, stellten ihre Einkäufe in Reichweite ab, um sie im Blick zu behalten und warteten sozusagen hingesunken und erschöpft auf die freundliche Bedienung. Erst als die dampfenden Kaffeetassen vor ihnen auf den kleinen Tischen standen, war die Welt wieder in Ordnung.

Ein junges Mädchen, wohl eine Studentin – Münster ist eine Stadt mit vielen Studenten, eine Universitätsstadt, eine junge Stadt –, trat zum Klavier an der seitlichen Wand, öffnete den schwarzen Deckel, breitete ihre Noten aus und begann zu spielen. Flink glitten ihre Finger über die Tasten. Eine willkommene Überraschung an diesem feuchtkalten Nachmittag. Einschmeichelnde, schlichte Melodien – Ohrwürmer – Salonstücke – Weisen –, die jeder schon einmal gehört hat und doch nicht genau benennen kann. Die Stimmung der Gäste erhellte sich. Gespräche verstummten. Die Mienen der Zuhörer entspannten sich.

Dort die ältere Dame drei Tische weiter, ja, die mit dem markanten Profil: gerader, aufrechter Hals, vorstechende Adlernase und ein kleines, steifes Jägerhütchen auf dem Kopf. Ständig nickte sie beim Sprechen und man musste beinahe Angst haben, dass ihr beim Nicken das Hütchen nach vorne rutschen könnte. Bei den ersten Tönen, die im Raum schwangen, hielt sie mit Nicken inne. Weiter hinten saß ein Herr bei einem Glase Wein. Sicher war er nur des Klavierspielens wegen gekommen. Ein Künstlertyp – aufrechte Haltung, den Kopf leicht nach hinten gestreckt, langes blondes schütteres Haar, hohe Stirn, den langen Seidenschal elegant und locker um den Hals geworfen und sich seiner Wirkung voll bewusst. Wo einige Muttis ihre Kleinen im Kinderwagen mitgebracht hatten, hielten sogar diese für Minuten ihre kleinen Plappermäuler.

Andächtiges Lauschen und nach jedem Klavierstück dezenter Applaus. Ach – war das eine erholsame, besinnliche Stimmung. Entspannendes Innehalten. Ein trüber Tag klang tröstlich aus. Nach einer knappen Stunde beendete die Klavierspielerin ihren Vortrag. Manch einer der Gäste war ein wenig zur Ruhe gekommen und machte sich nun gemächlich auf den Heimweg. Diese anheimelnde Atmosphäre hatte alle ruhig werden lassen. Still liefen sie nebeneinander. Jeder hing seinen Gedanken nach.

Plötzlich war er da, der Einfall. Ja, das wäre es gewesen! Das hatte an diesem Nachmittag noch gefehlt. Gerade in jenem Augenblick, als die Caféhausgäste dem Klavierspiel lauschten, hätte sich sachte die Schwingtüre des Cafés öffnen müssen. Wie passend wäre es gewesen, wenn die Erscheinung der Annette von Droste-Hülshoff in den Raum geschwebt wäre.

2012

Der traurige Weihnachtsbaum

Solange sie denken konnte, war es ihr Privileg gewesen, einige Tage vor Weihnachten einen Baum auszusuchen, der wenige Tage später zu Hause das Weihnachtszimmer schmücken sollte. In jedem Jahr das gleiche Ritual. Das war keine einfache Sache, die in wenigen Minuten erledigt war. Es musste alles stimmen an diesem Tag. Auf keinen Fall durfte Regenwetter sein. Wie konnte sie einen Weihnachtsbaum von allen Seiten begutachten mit einem Regenschirm in der Hand? Auch ein paar Tage vorher sollte nicht unbedingt feuchtes Wetter gewesen sein. Auf dem Gelände, dort wo die Bäume stehen, war der Boden bei Schmuddel- oder Regenwetter aufgeweicht und tief. Gummistiefel waren an solchen Tagen ein Muss.

Im Glücksfall erwischte sie einen günstigen Tag. Der Chef der Bäume war persönlich vor Ort und versprach sofort, den ausgesuchten Baum drei Tage vor Weihnachten anzuliefern und seitlich in ihrem Hof zu Hause abzustellen. Ansonsten musste der Ausgesuchte nach Hause getragen werden und das ging nur mit festen Handschuhen. Ganz so schnell ging es jedoch nicht mit dem Handel. Nach dem Motto »Gut Ding braucht Weile« waren äußerste Sorgfalt und Geduld von

Nöten. Ein kurzer Weg von knapp zehn Minuten und sie war vor Ort. Hier standen sie, die Bäume und Bäumchen, frei über das Feld verteilt, in ihren hell- und dunkelgrünen Nadelkleidern. Einige trugen auch ein silbern glänzendes, beinahe bläulich leuchtendes Winterkleid.

»Schauen Sie mal, ob Sie etwas Passendes finden«. Das hatte sich der gute Mann einfacher gedacht, als es war. Sie hatte beim Baumkauf ganz bestimmte Vorstellungen: Auf alle Fälle eine »Nordmanntanne« musste es sein. Die sind in ihrem Nadelkleid humaner als Fichten, Kiefern oder Edeltannen. Ihre Nadeln sind seidenweich und griffig, die Hände werden beim Anfassen und Schmücken nicht zerstochen, sondern ihnen wird geradezu geschmeichelt. Es ist ein Erlebnis, ein Ästchen solch eines Weihnachtsbaumes sachte durch die Hand gleiten zu lassen.

Die Höhe des Baumes sollte ca. 1,50 m betragen, nicht zu breit, damit er nicht so weit ins Zimmer ragt mit seinen Ästen, jedoch diese wiederum nicht zu dicht gewachsen, sonst kann man ja kein Zierrat dazwischen aufhängen. Außerdem musste die Tanne kerzengerade sein und eine schöne Spitze haben. Kurzum, der auszusuchende Baum sollte ein Prachtstück sein, ganz nach ihrem Geschmack. Folglich wurde auch von ihr vor Ort beinahe jeder Baum lange in Augenschein genommen und von allen Seiten begutachtet. Es kam schon einmal vor, dass der Baumeigner den Ausgesuchten absägen musste. Dann wurde dieser auf einen Tisch gestellt und dort nochmals mehrfach gedreht und gewendet und von allen Seiten begutachtet, um nach wenigen Augenblicken festzustellen: Es war doch noch nicht der richtige Baum.

In manchen Jahren ging sie schon beizeiten – so Mitte bis Ende November – aufs Gelände, einen Baum auszusuchen und diesen für sich vormerken zu lassen. Auf diese Weise kam sie auf alle Fälle nicht zu spät. Der Verkäufer befestigte dann ein kleines Schild an einem Zweig, auf dem ihr Name stand. So konnte nun nichts mehr schief gehen. (Es sei denn, es fand sich ein Liebhaber für gerade dieses Bäumchen, der kurzerhand das Namensschild abhängte. Das wäre es dann gewesen mit der frühzeitigen Wahl.)

Jetzt zum eigentlichen Grund dieser Erzählung.

Im vergangenen Jahr, drei Wochen vor dem Fest, war ein Tag mit absolut trockenem und freundlichem Wetter. Die Sonne schickte einige zaghafte Strahlen auf Natur und Mensch. Ein Hauch von Wind fächelte ein wenig frische Luft. »Heute suche ich den Weihnachtsbaum aus«, waren an diesem Morgen ihre Worte.

Gummistiefel, Jacke und Handschuhe – so ausgerüstet machte sie sich auf den Weg. Oh, da kam Freude auf. Das war heute der richtige Tag für ihr Vorhaben. Der Kauf musste wohl gelingen. Und auf dem Weg zum »Feld der Bäume« überzog ein Lächeln freudiger Erwartung ihr Gesicht.

»Einen schönen guten Morgen. Heute möchte ich endlich meinen diesjährigen Weihnachtsbaum aussuchen. Wird heute ganz schnell gehen. Sie brauchen keine Angst zu haben.« Sagte es und machte sich daran, alle Nordmanntannen, die in Frage kommen könnten, erst einmal aufzuspüren und dann genauestens zu begutachten. Eine knappe halbe Stunde war vergangen. Eine passende Tanne hatte sie noch nicht gefunden.
»Sehen Sie sich doch einmal diesen an. Ich denke, der wäre wunderbar passend für Sie und entspräche ganz Ihren Wünschen.« Der Verkäufer, der ihr meist langwieriges Suchen schon mehrmals erlebt hatte, versuchte zu helfen.
»Ach nein, der ist unten herum zu dicht gewachsen und wenn wir da noch ein Stück Stamm absägen, wird er zu kurz.«

So verging eine weitere halbe Stunde ohne Erfolg.

»Ich habe Ihnen schon mal einen Baum ausgesucht und ein Schildchen drangehängt. Aber schauen Sie selbst. Er steht dort hinten.«

Sie hin – aber oh je – auch für diesen konnte sie sich nicht erwärmen. Langsam wurde sie ungeduldig und nervös. Und wenn sie erst einmal nervös wurde, dann wurde aus dem ganzen Weihnachtsbaumkauf heute absolut nichts mehr.

Da, was ist denn mit diesem dort, ca. 1,50 m hoch, schlank gewachsen, nicht zu breit und nicht zu dicht. Da stimmte wohl alles. Aber – ach du meine Güte! – was war bloß mit der Spitze los? Wieso hatte der Kerl denn zwei Spitzen? Und diese beiden Spitzen hingen nach zwei Seiten recht dürftig nach unten. Das war ja ohne Worte. Solch ein prächtiger Baum und z w e i Spitzen. Trostlose Traurigkeit. Sie sah sogleich, dass es unmöglich war, eine davon abzusägen, denn würde man eine der beiden absägen, so würde die andere, verbliebene Spitze ja nicht mehr die Mitte des Baumes krönen. So ein Mist! Was sollte sie nun machen? Schon war beinahe der ganze Vormittag bei dieser bisher vergeblichen Suche draufgegangen. Und das, wo sie doch so wenig Zeit hatte. Was hatte sie noch alles erledigen wollen heute.

Es folgte – um die Geschichte voranzubringen – ein heroischer Entschluss.

»Ich nehme diesen da! Er schaut mir doch so arg traurig in die Gegend. Er tut mir leid. Sicher wollte ihn bisher niemand kaufen wegen der zwei Spitzen. Der arme Kerl. Er wird sich sicher freuen, bald zu uns ins warme Weihnachtszimmer zu kommen.«

Der Verkäufer blieb ganz ruhig ob ihres spontanen Entschlusses. Er holte die Säge, schulterte das dünne Bäumchen und schob es mit Kraft in den großen Trichter. Fest verschnürt und bereit zum Abtransport entschlüpfte die Tanne auf der anderen Seite ihrem kurzen Gefängnis. Jetzt war die Situation gerettet und der Kauf absolut schnell abgewickelt worden. Kaufentschluss – bezahlt – verpackt – und nun ab damit. Stolz trug sie die Tanne den kurzen Weg nach Hause.

Und nun das sehr bittere und doch überraschende Ende der Geschichte. Zwei Tage vor dem Fest wickelte ihr Mann den gekauften Baum aus seiner luftigen Umhüllung, stellte ihn in den Christbaumständer – ein kräftiger Tritt mit seinem rechten Fuß auf den Hebel – und schnapp, griff sich der Ständer von allen vier Seiten den Baumstamm, schnappte zu und der Kerl stand nun pickelfest im Ständer. Ein Entrinnen war unmöglich geworden.

»Was hast du denn da gekauft? Du hast dir wohl nicht genug Zeit gelassen, in Ruhe einen Baum auszusuchen? Dieser da ist ja gänzlich unmöglich. Sein Stamm ist völlig windschief, dreht sich in sich zweimal, ja und der ganze Baum ist zu mager, zu traurig und völlig unakzeptabel.«

Zu zweit standen sie vor dem wirklich dürrrappeligen Bäumchen.

»Ach, weißt du, ich habe lange gesucht und keinen schönen gefunden. Dieser da, der hat mir so leidgetan, weil er so hässlich ist und so traurig seine Spitzen hat hängen lassen. Was sollen wir damit jetzt nur machen? So können wir ihn wahrlich nicht ins Wohnzimmer stellen. Da lachen ja die Kinder, wenn sie an Weihnachten kommen.«

»Weißt du, wir stellen deinen hängigen Freund nach draußen auf unsere vordere Terrasse. Am Abend wird es dunkel und niemand wird dann bemerken, dass er eigentlich eine Missgeburt ist. Wenn die elektrischen Kerzen brennen, schaut sowieso jeder Betrachter ins Licht und mit keinem Blick mehr auf den Baum, der hinter oder unter den Lichtern steht.«

Gesagt – getan. Der Baum kam nach draußen. Leider musste sie am nächsten Tag nochmals losziehen, um einen neuen Baum für das Wohnzimmer zu kaufen. Dieses Mal ging der Herr des

Hauses natürlich mit und half beim Aussuchen. Der traurige, windschiefe Bursche, der jetzt im Freien an manchen Tagen sogar bei Wind und Regen zubringen musste, fühlte sich dort aber pudelwohl. Hier an seinem Freiluftstandort konnten ihn ja viel mehr Leute sehen als im Wohnzimmer. So manches Mal gelang es dem Baum sogar, einzelne Töne der Kirchenglocken der nahe gelegenen Dorfkirche zu erhaschen. Und wenn auch seine Zweige wegen der inzwischen daran befestigten Lämpchen schwerer geworden waren, so versuchte er trotzdem, diese ein wenig mehr in die Länge zu strecken und voll Stolz auch ein wenig anzuheben.

Als das Weihnachtsfest schon längst Vergangenheit war, durfte der Baum noch bis Silvester und einige Tage darüber in den dunklen Abendstunden mit seinen elektrischen Kerzen in die Nacht leuchten. Und der schmale, etwas dürftige Tannenbaum war sehr stolz und glücklich und die Menschen, die auf der Straße vorübergingen, freuten sich über das weihnachtliche Nachleuchten.

2014

Sind wir noch jung genug fürs Leben ...

oder sind wir schon angekommen an dem Lebensziel, das wir uns selber einmal vor Jahren in unserer Jugend gesteckt hatten? Hatten wir uns überhaupt Ziele gesetzt? Hatten wir darüber nachgedacht, wie wir unser zukünftiges Leben gestalten wollten, Prioritäten durchdacht?

Unser Erlebnis »Leben« schlittert hastig, von Tag zu Tag schneller werdend, seinem Ende entgegen. Stellen wir uns nun vor, man verlangte von uns einen Schlussbericht, einen Bericht unter der Überschrift: »Resümee eines gelebten Lebens«. Welche Gedanken belasteten fortan unser Dasein und unsere Erinnerung?

Augenblicke, viele aneinandergereiht, addiert und verschmolzen zu dem Begriff »erlebte und gelebte Zeit«. Beglückend empfundene Stunden, Tage und Jahre, die abgelöst und unterbrochen wurden von problemreichen, sorgenschwangeren Zeiten, Krankheitsphasen, Schmerz und Trauer.

Ich denke, es geriete so manches durcheinander. Bei der gedanklichen Aufarbeitung unserer Lebensjahre verschmelzen oft die Eindrücke unseres Unterbewusstseins zu glorifizierten Erinnerungen, die in dieser Form niemals in unserem Speicher vorhanden waren. Manche Menschen haben die Gabe, schwere Zeiten, wie Leidenszeiten und Phasen extrem gravierender Lebensumstände, in ihrer Erinnerung und somit im Umfeld ihrer Seele zu ignorieren, zu vergessen, auszulöschen. Wieder andere gefallen sich im Leiden und kramen gerade das Erinnern an die Tiefpunkte des Lebens, die jeden Lebensweg begleiten, immer wieder zutage.

Einzelne Ereignisse unseres Lebens sind unvorhersehbar. Situationen verändern sich blitzartig oder stellen sich plötzlich völlig neu dar. Unser Verhalten in Momenten des Erlebens ist nicht kalkulierbar. Es unterliegt keinem Schema. Und irgendwann, wenn die Anzahl der Lebensjahre kontinuierlich steigt und unsere Erinnerungen brüchig werden und nicht mehr zuverlässig sind, taucht die Frage nach dem »Warum« auf.

Warum haben wir gelebt? Haben wir unser Soll erfüllt? Das Soll, das wir uns einst in jungen Jahren zur Lebensaufgabe machten oder das Soll, das das Leben uns auferlegt hat? Und danach? Offene Fragen ohne Ende. Wie heißt es so schön: »Nicht resignieren, wir leben ja weiter in unseren Kindern«.

Hat uns einer danach gefragt? Wollen wir das überhaupt? Gefällt uns das Leben unserer Nachkommen und das, was sie daraus machen? Wollen wir das alles auf unsere alten Tage übernehmen? Wollen wir uns kurz vor Ende unserer Lebenszeit nochmals von Neuem zusätzlich mit nicht ausgelebten Themen belasten oder uns diese aufbürden lassen? Wollen wir in die Lebensträume anderer eintauchen, die nicht unseren Wunschträumen entsprechen? Eintauchen, uns verirren und untergehen, das wären mit Sicherheit die Folgen. Unsere Einstellung zu vielem, was unsere Kinder machen und wie sie darüber denken, hat sich im Laufe der Jahre meistens grundlegend geändert. Die jungen Leute denken freier, lockerer, sorgloser, mehr geradeaus – da, wo wir Alten uns Knoten ins Hirn machen und Kleinigkeiten mit der nicht zu leugnenden, seit Jahren angesammelten Lebenserfahrung überdenken und abwägen.

Oder – das Ganze von der anderen Seite betrachtet. Wollen wir unseren Alltag mit allen unseren angehäuften Problemen und Vorkommnissen, Sorgen, Ängsten und Erfahrungen auf den Seelen unserer Kinder abladen? Die Nachkommen damit anreichern, ihnen diese Doppelbelastung zumuten? Ich möchte mir nicht ausdenken, was geschehen würde, wenn sich die Probleme der jungen Leute mit unseren vereinten. Welches

Gefühlschaos entstünde binnen kürzester Zeit? Wie zerrissen müssen sich Eltern vorkommen, die eine ganze, große Schar von Nachkommen haben. Wollen sie in allen ihren Kindern weiterleben, und – wenn »Nein« – in welchem aus ihrer Kinderschar? Wollen sie ihr Domizil, ihren Aufenthaltsort für ein Weiterleben im Kinde aus einer Vielzahl der Nachkommen selektieren?

Ich denke, es ist gut, den trostreich gedachten Ausspruch »Wir leben weiter in unseren Kindern« gänzlich schlicht zu betrachten. Ein verschwindend winziger Teil von uns überträgt sich unseren Kindern. Und lediglich dieses kleine bisschen Aussehen, Charakter oder Eigenart gaukelt uns vor, dass ein Teil von uns Alten zurückbleibt in unserem Kinde. Eventuell hat die Tochter das gleiche Profil wie die Mutter, oder der Sohn hat die gleiche hohe Stirn und den Haaransatz wie der Vater. Es kann auch vorkommen, dass Mutter und Tochter zu gleicher Zeit sich mit den gleichen Gedanken beschäftigen und zu gleichen Lösungen kommen. Jeder Mensch ist individuell. Ein deckungsgleiches Abbild zweier Menschen gibt es glücklicherweise noch nicht und wird es hoffentlich auch niemals geben. Ein jeder hat jedoch die Gabe, aus den ihm eigenen, von der Natur mitgegebenen Möglichkeiten sich und sein Leben zu formen.

Ich glaube, wer sich Gedanken über ein eventuelles Fortleben in seinen Kindern macht, denkt über zu viele Umwege, macht sich zu viele Knoten in seine Denkungsweise. Wir sollten froh und glücklich sein, dass wir, die wir über ein Weiterleben in unseren Kindern sinnieren, gerade eben noch jung genug sind für u n s e r Leben. Wir sollten dieses – unser Leben – daher jeden Tag neu genießen.

2014

Ein neuer Tag

Es hellt von Osten her ein neuer Tag.
Kein »Aber« find ich, diesen auszublenden.
Die Zeit saugt mich in ihren Strudel.
Nur aufrecht kann ich Haltung wahren.
Stark muss ich sein, den Tag genießen.
Ein jeder Tag verkürzt mein Leben.

2012

Wie ein Blatt im Wind

Die Zeit eilt voraus.
Frische ausstrahlend zu Anbeginn –
Im Herbst des Lebens blass und vertrocknet.
Pigmente und Runzeln zeigt das Gesicht,
Von der Anstrengung bisweilen verfärbt.
Ein Windhauch kann das Dasein beenden.
Die Kraft festzuhalten schwindet.
Festhalten am Leben, bevor es verweht.
Schönheit und Jugend sind vergängliche
Weggenossen,
Die nach unten trudeln.
Sterben – Erde zu Erde – Vergehen.
Wirrbilder lullen ein und nähren
Die Hoffnung auf das kommende Frühjahr.
Menschlein, du kannst davon träumen
Ein Blatt am Baume zu sein.
Werden – Wachsen – Vergehen – liegen so nahe.

2013

Dem Ende entgegen

Die Sonne nimmt dem Tag das Licht.
Ungebremst eilt das Leben und
Akzeptanz wird Schwerstarbeit.
Pläne und Vorhaben versickern im Vergessen
Und werden zu geträumten Träumen.
Die Zeit ist knapp geworden,
Die Dinge zu Ende zu bringen.
Was sollte heute noch erledigt werden?
Haben wir etwas vergessen?
Um vieles schneller läuft die Zeit.
Kommt der Schlusspunkt, bevor der Satz zu Ende geschrieben?
Es wäre noch so manches zu sagen …

2012

Leere

Es ist still geworden im großen Haus.
Die Jungen zogen schon lange aus.
An lieben Orten kein Lachen und Singen,
Erinnerungen, die Wehmut bringen.
Nur stumme Worte füllen die Räume.
Auch hier und da geträumte Träume.
Gedanken an früher verweilen –
Wie konnte die Zeit so eilends enteilen?

2015

Verlust

Die weltweite Welt ist in ihrer Gänze in Aufruhr. Unzählige Kriege, Vertreibungen, Fremdenhass, Verfolgung, Epidemien, unheilbare Krankheiten, Naturkatastrophen, Hunger und Elend, Flüchtlingsströme ohne Ende, Mord, Vernichtung und so weiter – und so fort.

Und dann geschieht etwas. Nur ein kleiner Zwischenfall im großen Gefüge der Menschheit. Meist berührt er nur einen kleinen Kreis Betroffener. Für den Bruchteil eines Zeitalters wird die Uhr angehalten, kein Ticken, kein Atmen, kein Denken, stumme Schreie, weder Verstehen noch Begreifen und oft keine Tränen, die Erleichterung bringen könnten. Das Unvorstellbare, das »Nichtausdenkbare« ist geschehen. Es geschah vor unseren Augen bzw. vor unseren geschlossenen Augen.

Wenn wir nach kurzem Innehalten, ohne das Unabänderliche begriffen zu haben, weiter atmen, dann läuft auch die Uhr für uns weiter, als wäre nichts geschehen. Die Uhr tickt wieder und läuft weiter wie immer. Unsere Denkfäden entwirren sich nur behutsam. Sie kommen lange Zeit zu keinem Ende. Sie scheinen endlos im Kreis verknotet. Und wir finden keine Antwort auf die bohrenden Fragen mit all ihren Ungewissheiten: Worin liegt unsere Schuld? Hätte das Geschehen verhindert werden können?

Sind die Schutzengel der Welt überfordert? Haben wir unseren Schutzengeln zu viel abverlangt? War der zuständige Schutzengel verletzt? Hatte er etwa einen seiner Flügel verloren und der Ablauf des Geschehens war zu plötzlich und zu schnell für ihn?

»Kein Mensch ist frei von Fehlern« lautet eine alte Weisheit. Seit heute weiß ich es genau:

Auch Schutzengel sind Menschen und machen Fehler.

2015

Erinnerung

Eine Liebe kann nicht mehr gelebt werden.
Gestern und heute verschmelzen im Schmerz
Und ertrinken in Tränen.
Wut und Trauer machen hilflos.
Wunden heilt die Zeit – doch
Narben bleiben für immer.
Die Erinnerung lebt im Morgen.

2015

Unbekannt

Schritte rascheln im Laub
auf dem Weg zur ewigen Ruh'.
Der Herbst deckt mit Farben die Gräber zu.
Ein Hauch von Ewigkeit umwebt die Stille.
Endlich Zeit – Zeit für immer in Fülle.
In dunkler Erde ruhen Sorgen und Glück.
Lebensmomente kehren niemals zurück.
Es ist ruhig geworden –
An diesen Orten zerrinnen Träume im Sand.
Hast du die Toten gekannt?

2011

Danke

In Frieden möcht' ich von dir gehn.
Ein letztes Mal die Hand dir reichen.
Noch einmal in dein Auge sehn
Und über deine Haare streichen.

Wie gerne möchte ich dich halten
Mit Liebe und mit sehr viel Kraft.
Den Weg der Zweisamkeit gestalten,
Was wir bisher so gut geschafft.

In allen Uhren ruht die Stunde.
Das Licht der Kerze flackert klein.
Ein »Danke Dir« aus deinem Munde,
Es könnten letzte Worte sein.

2015

Gegangen

Von oben ist ein Schritt zu hören.
Ein Knacksen ist im Raum.
Lautlose Stille füllt die Leere.
Vergebliches Rufen ohne Antwort.
Die Standuhr schlägt die Stunde.
Erinnern, suchen in Dunkelheit.
So Vieles wollte ich noch sagen.
Ein Stuhl bleibt leer.

2014

Plötzlich

Plötzlich wie ein Einschnitt in unseren Alltag, in unsere Routine, geschieht das Unfassbare. Ein uns seit vielen Jahren lieb gewordener Mensch verlässt uns für immer durch seinen Tod.

Aus heiterem Himmel müssen wir den Tod, den Verlust eines Menschen akzeptieren und begreifen. Urplötzlich wie ein Ereignis, begleitet von Blitz und Donner, kann solch ein Geschehen das feste Gefüge unseres bisherigen Lebens durcheinanderwirbeln. Wir fühlen uns verletzt, überrumpelt und für lange Zeit aus der Bahn geworfen.

Oft ist es aber auch das Leben, das uns auf einen nahenden Tod behutsam und lange Zeit im Voraus aufmerksam macht und darauf vorbereitet, dass in absehbarer Zeit der Abschied von einem geliebten Menschen ansteht. Wir können, wenn es an der Zeit ist, noch offene Fragen gemeinsam klären, Wünsche für das »Gehen« aussprechen – eventuell niederschreiben – und leise und bewusst Abschied voneinander nehmen.

»Der Tod gehört zum Leben«. Diese Tatsache können wir nicht fortdiskutieren. Mit unserer Geburt und dem Fortschreiten der Zeit kommen wir mit jedem Atemzug unserem natürlichen Ende näher. Eine Antwort auf die Frage: »Wann?« kann niemand geben. Die Lebensuhr tickt unaufhaltsam weiter. Die Zeit ist durch nichts aufzuhalten. Und in jedem Fall tritt die Tatsache eines Todes immer zu früh ein. Ob wir nun vorbereitet auf solch ein Ereignis sind oder nicht. Einen geliebten Freund, ein Mitglied unserer Familie oder den Partner zu verlieren, ist für jeden von uns immer zu früh.

Wird der Tod und der damit verbundene Abschied zur unabänderlichen Gewissheit, ist der erste Schock überwunden, dann funktionieren wir. Schematisch wird alles Notwendige erledigt – abgespult, so wie Besuch des Pfarrers, Raussuchen eines Bibeltextes, Bestatter, Zeitungsannonce, Trösterkaffee, Trauerkleidung, Friedhof usw. Unsere Erinnerungen an vergangene gemeinsame Zeit werden vorerst ausgeklammert. Notwendiges packen wir an. Unaufschiebbare Erledigungen und Aufgaben haben Vorrang und verscheuchen unsere Trauer, rücken sie vorerst zur Seite.

Die große Leere und das Gefühl des Verlassenseins überkommt uns erst nach einigen Tagen, wenn nichts mehr vorrangig zu tun ist. Die Trauernden finden Zeit, sich in ihren Gedanken an gemeinsam gelebte Zeit zu erinnern. Weißt du noch damals …? Gegenseitige Berichte über erlebnisreich verbrachte Zeiten, der Austausch gemeinsamer Erinnerungen, das Betrachten alter Fotos oder Filme, alle diese Dinge lassen ein Aufarbeiten unserer Erinnerungen zu.

Und je länger der zeitliche Abstand zwischen einem eingetretenen Todesfall und der für uns weiter zu lebenden Zeit wird, umso mehr hellen sich die Erinnerungen auf. Niemals können die gemeinsam mit einem lieben Menschen durchlebten Jahre vergeudete Zeit gewesen sein. Niemals sollten wir beim Erinnern verbitterte Gedanken wach werden lassen. Die Erfahrung zeigt, dass unser oft nicht in rosigen Farben erscheinendes Vergangenheitsbild nach und nach verblasst. Unsere uns manches Mal in kräftigen, harten Farben gemalte verbitterte Gedankenwelt löst sich auf in zarte Schemenbilder, die mit sanften wehenden Schleiern unser Erinnern überziehen.

Schön war die gemeinsame Zeit …

2015

Abschied und Tod sind nur andere Worte
für Neuanfang und Leben

Volksweisheit

Ebenfalls bei TRIGA – Der Verlag erschienen

Ingrid Wilke-Bury
Auf einen Augenblick
Das Leben erleben im Kreislauf der Jahreszeiten
mit Zeichnungen von Reinhold Busch

Momentaufnahmen des Lebens, bewusst wahrgenommen und festgehalten. Geschichten und Gedichte von Ingrid Wilke-Bury, mal besinnlich, mal heiter, voller Poesie – das Leben erleben im Kreislauf der Jahreszeiten. Sich freuen auf den Frühling, wenn die Natur wieder grün wird. Sommertage genießen, die Wärme der Sonne auf der Haut spüren. Den Herbst lieben, mit seinen Stürmen, bunten Blättern, dem Zug der Kraniche, die den nahenden Winter ankündigen. Die Stille der kalten Jahreszeit, Eis und Schnee. Augenblicke, Gefühle, Gedanken, Empfindungen, so wertvoll wie das Leben selbst.

152 Seiten. Hardcover. 11,90 Euro. ISBN 978-3-89774-746-3

Ingrid Wilke-Bury
Ochs am Berg
Eine Kindheit auf der »Hohen Tanne«. 1940 – 1957
2. Auflage

In diesem Buch geht die Autorin auf Spurensuche. Sie lässt uns teilhaben an der Reise in ihre Kinder- und Jugendzeit, in das Hanau des Zweiten Weltkrieges und der Nachkriegszeit. Der Titel des Buches, »Ochs am Berg«, bezieht sich auf den Namen eines beliebten Kinderspiels, das Ingrid Bury und ihren Freundinnen großes Vergnügen bereitete und oft auf dem Schulhof gespielt wurde.

148 Seiten. Paperback. 14,50 Euro. ISBN 978-3-89774-769-2

Ingrid Wilke-Bury

Feldpost

Meine Welt ist eine andere geworden

Mit Fotos

Spurensuche: Ingrid Wilke-Bury, 1940 in Hanau geboren und auf der »Hohen Tanne« aufgewachsen, lässt uns teilhaben an einer bewegenden Begegnung mit der Vergangenheit. Nach dem Tode ihrer Eltern findet sie in einem alten Koffer die Feldpostbriefe ihres Vaters, und stellt daraus das Fragment eines privaten Kriegsberichtes zusammen.

404 Seiten. Paperback. 16,80 Euro. ISBN 978-3-89774-964-1
eBook. 8,99 Euro. ISBN 978-3-95828-022-9

TRIGA – Der Verlag
Leipziger Straße 2 · 63571 Gelnhausen-Roth · Tel.: 06051/53000 · Fax: 06051/53037
E-Mail: triga@triga-der-verlag.de · www.triga-der-verlag.de